T0277255

Roger Casas-Alatriste
Prólogo de Elena Neira

TU ATENCIÓN, POR FAVOR.

Claves para captar la atención y generar contenidos sostenibles

MADRID | CIUDAD DE MÉXICO | BUENOS AIRES | BOGOTÁ
LONDRES | SHANGHÁI

Colección Acción Empresarial de LID Editorial
Editorial Almuzara S.L.
Parque Logístico de Córdoba, Ctra. Palma del Río, Km 4, Oficina 3
14005 Córdoba.
www.LIDeditorial.com
www.almuzaralibros.com

A member of:

businesspublishersroundtable.com

EAN-ISBN13: 978-84-11310-38-3
Directora editorial: Laura Madrigal
Editora de mesa: Paloma E. Albarracín
Maquetación: produccioneditorial.com
Diseño de portada: Juan Ramón Batista
Impresión: Cofás, S.A.
Depósito legal: CO-1402-2023

Impreso en España / Printed in Spain

Primera edición: septiembre de 2023

Te escuchamos. Escríbenos con tus sugerencias, dudas, errores que veas o lo que tú quieras. Te contestaremos, seguro: *info@lidbusinessmedia.com*

A Lore, Roberto y Gonzalo,
a quienes debo toda mi atención.

Índice

Agradecimientos

Quiero dar las gracias, en primer lugar, a Fátima Bigeriego y Patricia Vicente, las primeras personas que apostaron por este proyecto. A Andreína Pérez Armas, Marisa Mañanós y a Amparo Vega, mis grandes apoyos a lo largo del proyecto. También al equipo cañonero, Manfredi Giannoni, Luis Alcázar, Alejandra Lucero Ferrufino, Jesús Cuesta y Sonia Bautista-Alarcón, Clara Martínez, Toño Serrano, Iciar Sanchez-Biezma, Carlos López Lumbreras, Marcos Párraga e Isabel Valdés. Y, por supuesto, a Manuel Pimentel, Gema Díaz Real, Laura Madrigal, Laura Díez y Paloma Albarracín del equipo LID Editorial por confiar en mí.

Agradezco también a las personas que me han concedido entrevistas para el pódcast *Su atención, por favor* y que son una parte clave de este libro: Elena Neira (¡gracias también por ese prologazo!), Oso Trava, Macarena Estévez, Mauricio Cabrera, Monika Revilla, Pablo Muñoz, Paula Muñoz, Daniela McArena, Gabriela Campbell, María Murillo de Ac2ality, Daniel Innerarity, Mariana Sanz, Javier Celaya, Patty López de la Cerda, Antonio Monerris, Dany Saadia, José Andrés Torres Mora, Emilio Doménech, María Jesús Espinosa de los Monteros, Santi Rivas, Jose Antonio Tamayo, Cristina Barbosa, Lucía Zúñiga, Ismael Nafría, Nico Matji, Alberto Fernández, Guillermo de Oliveira, Jorge Carrión, Tíscar Lara, Andoni Orrantia, Laura Abril, Andoni Luis Aduriz, Michel Franco, Alba Vence, Ana de La Reguera, Adrián Garelik, Arturo Paniagua, Paco Recuero, Demetrio Bilbatúa, Alexis Martín-Tamayo (MisterChip), Elena Fortes, Julio Rojas, Sarah Calderón, Francisco Alanís (Sopitas), Koldo Anasagasti, Sissi Cancino, Mónica Moro, Jorge Laplace, Pilar Sayáns, Ícaro Moyano, Almudena Ariza, Raúl Cardós, Dani Villanueva, Diego Barrazas e Isabel Cadenas Cañón. Su valiosa contribución, sin duda, ha enriquecido este proyecto.

Y a mis amigos y familiares que me apoyaron en el proceso: Gustavo Gómez, Antonio Delgado de Torres, Edu Celorio, Valentina Riveiro, Marisa Simón-Moore, Gabriela Lendo, Rodrigo Arce, Rafa Arias, Ana Lorenzo, Xavi Martínez, Jesús Matsuki, Eugenio Viñas, Jordi Cabanes, José Antonio Casas-Alatriste Parlange, Tino de la Huerta, Iván Raymores, Mareike Sophia Nissen, Gabriela Cortes, Martin Beillin, Almudena Sangro, Jessica Cancino, Alessandra Pérez-Cirera, Ximena Caraza, Vania Rojas, Eduardo Pérez Noyola, Rubén Pizá Reyna, Alejandro Palma, Luis Miguel Calvo, Géraldine Gonard, Beatriz Cavanillas, Eva Zalbe, Margarita Ollero, Beatriz Celaya, Nacho Adorna y Federico Ríos Patrón.

Prólogo

«You had my curiosity, now you have my attention.
[Tenías mi curiosidad, ahora tienes mi atención]».
Django Unchained, Quentin Tarantino

Las compañías que viven de los contenidos tienen muy claro lo que quieren. Una de sus prioridades es captar la atención del espectador, algo que ha llevado a una política de producción muy condicionada por ese objetivo. Esto se ha vuelto particularmente evidente en el ámbito del *streaming*. «Si no sucede algo en los primeros 30 segundos de la película, los datos nos dicen que la gente dejará de verla», comentaron los ejecutivos de Apple al director de cine Derek Fletcher, cuando este les presentó sus planes para la secuencia de apertura de *Ghosted*, una producción original de AppleTV+ protagonizada por Chris Evans y Ana de Armas. Fletcher tenía intención de comenzar con una escena de conducción por la montaña que duraba tres minutos, algo que al estudio le pareció excesivo ya que, según ellos, acabaría por torpedear el interés del espectador. Ni siquiera pareció importarles que la conductora fuese la popular actriz cubanoespañola, ni que esa escena, tan contemplativa para una película de acción sobre el papel, tuviese todo el sentido del mundo unos minutos después. Para los que firmaban los talones, demorar la acción comprometía la eficiencia de la inversión, ya que podría reducir el número de personas que seguirían viéndola tras ese «inicio lento». Puede parecer un interés obsesivo, pero bajo su óptica no lo es. La atención es fundamental porque establece un vínculo emocional en las relaciones mercantiles. Cuanto más intensa sea la atención más indispensable se vuelve el servicio y, por extensión, más rentable es el usuario.

Las plataformas de *streaming*, al igual que otros muchos negocios, saben perfectamente que la impaciencia digital puede convertir algo que parecía apetecible en un tostón en un abrir y cerrar de ojos. Tal vez por eso, Fletcher aseguró que, personalmente, no le importó seguir las directrices de Apple y descartar esa escena. «No puedes hacer una película para *streaming* de la misma manera que haces una película para estrenarse en cines» afirmó en el pódcast *A trip to the movies*. «Hay diferentes métricas y un enfoque distinto. Tiene que haberlo, aunque solo sea para tener en cuenta el hecho de que la gente abandona el título muy rápido. Lo que es una experiencia cinematográfica para mí como cineasta se convierte en: "Vale, tengo que adaptarme para retener a mi audiencia"».

Cada vez son más recurrentes los ejemplos de creadores de contenidos que asumen la fugacidad de la atención del usuario digital como algo que el *storytelling* tiene que doblegar en los primeros minutos. Ya no podemos confiar en la inercia del consumo lineal de antaño, en la mínima capacidad de entregarse a lo desconocido para dejarse sorprender. Hoy la atención se ha convertido en un bien de lujo por el que todos luchan. La consecuencia de este bombardeo es una atención acostumbrada a fluir de manera discontinua, a desaparecer y regresar, a repartirse para luego concentrarse. Hemos sucumbido a un engaño perverso en el que nos creemos monjes *shaolines* de la multitarea, cuando en realidad ese afán por llegar a todo nos deja una sensación de vacío.

Los ladrones digitales de la atención acechan las 24 horas del día y en los lugares más insospechados. Unos vienen disfrazados de notificación *push* que te avisa del estreno de una serie en la plataforma que tienes contratada. Otros llevan puesta la máscara del *scroll* infinito al que uno se abandona sin apenas darse cuenta. Algunos alzan la voz, mientras que otros prefieren la discreción del reclamo visual, como las burbujas que contabilizan las decenas de mensajes y correos sin leer, las noticias por abrir o las notificaciones pendientes. El hecho de que la mayoría de los teléfonos móviles incorporen de serie un contador de uso de dispositivo se ha convertido en un secreto inconfesable al que pocos quieren enfrentarse. Las visitas inofensivas a TikTok, los chats con compañeros de oficina o los vídeos de YouTube que te mandan por correo son microatenciones, pequeñas e insignificantes de forma individual, pero que acumuladas se convierten en una cifra con entidad, obscena y escandalosa.

Lo que se observa de forma atenta y profunda es el sustento de una industria multimillonaria cada vez más saturada, como un cuadro de *Dónde está Wally* de varias hectáreas. En esta era de la sobreabundancia, curiosamente, cada vez nos resulta más difícil elegir. Por eso, el sistema se está dotando de técnicas para conseguir un flujo inverso: que sea el contenido el que elija al usuario, jugando a tocar los resortes más eficaces para activar la curiosidad, el preludio de la atención.

Aprender a captar el foco en los contenidos que lanzamos al vasto océano de internet va mucho más allá de un simple retorno mercantil inmediato. Es vital, porque sin atención no hay relevancia, ese hilo invisible que tira del usuario para que se pueda producir otro contacto en el futuro. Sin atención el contenido que compartimos en internet es como ese árbol que cae en el bosque sin que haya nadie para escuchar el ruido que hace al desplomarse en el suelo.

Elena Neira
Docente e investigadora, especialista en
Comunicación e Información y nuevos modelos
de distribución audiovisual

Introducción

Muchas gracias por su atención. Sí, sé que esta frase se dice normalmente al final de un discurso, un evento o una clase, pero yo no me quiero esperar hasta el final. No puedo permitírmelo. Porque mientras te centras en esta lectura, a menos de un metro de distancia, tienes un *smartphone* que es un hervidero de actualizaciones, mensajes de WhatsApp, fotos nuevas en Instagram, *tweets*, *retweets*, memes muy graciosos y mensajes sesudos. Todos perfectamente diseñados para capturar tu atención un segundo o dos y que, casi sin darte cuenta, pueden convertirse en media hora de *scroll* sin rumbo.

Sin embargo, a pesar de todas estas distracciones, tú sigues leyendo y quiero darte las gracias en cada punto, en cada coma y al final de cada párrafo. Entiendo plenamente el esfuerzo mental que esto requiere, posiblemente más que la mayoría de las personas, ya que yo mismo tengo déficit de atención e hiperactividad (TDAH). La palabra déficit suena muy mal, pero en realidad no quiere decir que tenga una atención deficiente, sino más bien que tengo una atención diferente[1]. Soy una de esas personas a las que les cuesta especialmente mantener la atención en un solo lugar y me distraigo con mucha facilidad, ya sean estímulos externos o internos. Por si fuera poco, tiendo a ser multitarea. Ahora mismo estoy escribiendo esto mientras tengo unas quince pestañas abiertas en mi navegador, con las que interactúo, la aplicación de WhatsApp de escritorio que me envía notificaciones cada dos por tres y el móvil junto al teclado del ordenador. El omnipresente móvil.

También soy de esas personas a las que les cuesta permanecer concentradas durante una reunión. No solo por el simple impulso de acudir al móvil por lo que pueda estar ocurriendo ahí, que es todo y al mismo tiempo nada, sino por las cosas que pasan en mi cabeza: ideas paralelas, conversaciones pasadas o futuras, antiguos pensamientos que vuelvo a traer al presente, etc.

Para mí la atención representa un reto personal y profesional. Y esta es una de las razones por la que he decidido escribir este libro: con el propósito de desentrañar qué hay detrás de la muy buscada y aún más volátil atención.

Nuestra atención es un tema crucial en la sociedad actual. Juega un papel fundamental en lo micro y en lo macro. La forma en la que dirigimos nuestra atención influye en las decisiones que tomamos, moldea nuestros gustos, determina nuestras relaciones personales y puede incluso limitar las oportunidades que aprovechamos debido a nuestra obsesión por las pantallas.

Aquello en lo que ponemos nuestra atención nos define como personas, desde las conversaciones más superficiales hasta nuestro estilo de vida, es decir, a qué prestamos atención tanto en nuestro tiempo libre como en el laboral o el familiar.

Pero la atención también es una pieza clave para los negocios multimillonarios cuyo objetivo es atraparnos en esas pantallas ya sea a través de redes sociales, plataformas de *streaming* o aplicaciones móviles. Estas empresas comprenden el valor de nuestra atención y trabajan arduamente para capturarla y mantenernos enganchados a sus servicios.

¿Por qué es importante este libro?

Este libro tiene como objetivo proporcionarte los fundamentos necesarios para comprender qué es la economía de la atención y cómo funciona, con un enfoque muy práctico ya que incluyo consejos para que puedas manejar mejor tu vida dentro de la economía de la atención. Es decir, una vez que entiendas cómo funciona, podrás aplicarlo en tu día a día en términos de consumo, producción y difusión de contenidos, de manera que este sistema nos beneficie a todos y nos haga mejores profesionales.

Para quienes trabajamos en el mundo de los contenidos, este momento es emocionante y prometedor. Constantemente leemos o escuchamos que estamos viviendo uno de los mejores momentos para generar contenidos. El mundo está lleno de pantallas que están en manos de personas que buscan nuevas historias y experiencias sorprendentes.

Hace años que estamos inmersos en la economía de la atención, aunque parece que no somos muy conscientes de esto. Es un tema que nos concierne a todos, desde los usuarios que consumimos contenidos digitales (¿quién no lo hace hoy en día?) hasta los profesionales que trabajamos en la industria de los contenidos e, incluso, a aquellos que tenemos en nuestras manos la educación de los usuarios y consumidores más jóvenes, quienes marcarán el futuro del consumo de contenidos digitales.

Como productor de contenidos digitales, me fascina ver cómo mi empresa tiene puntos de conexión con personas, empresas e instituciones de lo más diversas, pero todas ellas comparten un objetivo común: captar nuestra atención. De ahí que a partir de la experiencia de estos años y de la curiosidad por saber qué es lo que viene, puse en marcha *Su atención, por favor*, un proyecto transmedia en el que el libro es una pieza fundamental. La economía de la atención abarca un amplio espectro de historias, voces y puntos de vista. Al igual que nuestra atención vuela hoy en día de contenido en contenido y de plataforma en plataforma, los apartados de este libro también se expanden en otros soportes: pódcast, documental y contenidos en redes sociales que a su vez serán complementados por estas líneas.

Tal vez hasta hoy no hayas escuchado nada sobre la economía de la atención, pero cada vez más personas reflexionan sobre este tema y sienten la necesidad de comprenderlo. No solo se trata de saber cómo funciona y cómo se pueden desarrollar negocios en este ámbito (que es lo primero que uno piensa al hablar de una economía de algo), sino de cómo poder vivir y sobrevivir en ella, de cómo hacerla sostenible.

Allá donde ponemos nuestra atención, vamos dejando un rastro: nuestros datos. Estos datos son comprados y vendidos por empresas de diversas industrias que intentan anticiparse a nuestras decisiones y comportamientos. Es el precio que pagamos por acceder a los servicios y contenidos que nos proporcionan, y esto no se limita solo al entretenimiento. Ya lo sabes, si una aplicación es gratuita, es porque el producto eres tú.

También, quienes producimos contenidos vivimos el momento más exigente. En el entorno digital todos competimos contra todos, desde las grandes corporaciones hasta los creadores *amateurs*. Los productores de series, deportes y videojuegos compiten contra *tiktokers*, *streamers* y *podcasters*. Es la arena global y no hay un minuto de descanso.

Desde el punto de vista del consumidor también hay una doble lectura: tenemos una amplia variedad de contenidos para elegir en cualquier momento, pero al mismo tiempo, esa oferta es tan apabullante que a veces pasamos más tiempo navegando por las opciones que viendo lo que realmente queremos ver. Hay un importante trabajo de curaduría por hacer.

Vivimos en una era de abundancia de contenidos, nos hemos acostumbrado a ello y la tendencia solo va en aumento. Si esto es un tema crucial en la actualidad, imagina cómo será en 20 años, especialmente cuando los niños que nacieron con internet y *tabletas* tengan una atención aún más fragmentada o fragmentable, sean más exigentes a la hora de fijarse en algo, y la tecnología, la técnica y la creatividad hayan avanzado aún más.

Ejemplos como el documental *El dilema de las redes sociales* (*The social dilemma*), que ha triunfado en Netflix a nivel mundial, ponen en relieve el interés por conocer los aspectos menos conocidos de aplicaciones como WhatsApp, Instagram, Twitter o Facebook que explican cómo son capaces de interferir en nuestros comportamientos. Sin embargo, en la película pasan por la tangente de la economía de la atención.

¿Qué vas a aprender en este libro?

El libro busca hacer sostenible la economía de la atención al proporcionar conocimiento desde diferentes perspectivas (generadores, consumidores y recomendadores de contenidos) para que una vez que sepas cómo funciona puedas ponerlo en práctica desde cualquiera de estas perspectivas y entender su relevancia global. Comienza con una explicación detallada de la economía de la atención y luego explora las claves para captar la atención, basándose en opiniones de expertos y casos de éxito de empresas de la industria del contenido. También se aborda la importancia de tomar decisiones diarias en la selección y recomendación de contenidos, así como en la curación de estos. Por último, se discute cómo hacer que esta economía de la atención sea sostenible, generando mejores contenidos, gestionando el tiempo de manera eficiente y siendo conscientes de nuestro consumo. El objetivo es vivir para contarlo.

Para ello, proporciono pautas muy prácticas para que creadores y consumidores puedan:

Creadores

- Comprender cómo funciona la economía de la atención.
- Situarse en el punto de vista de los consumidores, sus exigencias, prioridades y demás factores poco predecibles.
- Comprender el entorno multiplataforma en el que viven los contenidos y cómo plantear estrategias para cada entorno de consumo y competencia en el que se distribuirán.
- Entender qué necesita cada contenido para captar la atención de su público objetivo y definir qué función debe cumplir, para medir su éxito.

Consumidores

- Gestionar la abundancia en la oferta de contenidos.
- Encontrar y recomendar mejores contenidos. Ser consumidores críticos.
- Tomar conciencia de lo que consumen para la experiencia de entretenimiento o de conocimiento sea de calidad.
- Aprender a focalizar tu atención y a tomar mejores decisiones.
- Mejorar la relación que hay entre la atención y nuestras conexiones sociales o nuestra salud mental.
- Cómo desconectar.

Como ya comenté al inicio, tengo déficit de atención y entiendo lo complicado que resulta a veces sentarte a leer y concentrarte. Por eso he decidido escribir este libro de la forma más fácil y entretenida para ti: como un menú de degustación de tapas variadas de información, reflexiones y propuestas para poder sobrevivir en la economía de la atención. Además, me he puesto como objetivo escribir párrafos no muy largos, con ideas concretas, de esta forma si te distraes leyendo, puedes volver al inicio de este y retomar la idea sin demasiados problemas. Estoy seguro de que este libro te va a dar para muchas conversaciones, en la familia, en el trabajo, en sobremesas con amigos... porque así ha sido mi experiencia al adentrarme en el tema de la economía de la atención. Si quieres compartir conmigo cualquiera de estas reflexiones, no dudes en hacerlo, estaré encantado de escucharte.

1. La economía de la atención

1. ¿Qué es la economía de la atención?

¿Sabes qué es la economía de la atención? Tal vez esta sea la pregunta que más he hecho en el último año. Casi siempre que se lo pregunto a alguien, recibo una mueca de «voy a hacer como que sí lo sé» pero en realidad son muy pocas las personas que conocen dicho concepto. ¿Economía de la *tensión*?, me suelen preguntar, posiblemente por mi pésima dicción. Arrastro las eses y las ces al hablar.

¿Qué tienen que ver la economía y la atención? continúan preguntando, sin quitar aún la mueca generada por la pregunta previa. Pues muy fácil, les explico entonces: nuestra atención es un bien escaso y los contenidos son cada vez más abundantes. Así de simple.

Después de esta primera definición, desarrollo la idea ante el arqueo de cejas de mi interlocutor de turno: la atención es un bien escaso porque los días duran veinticuatro horas, a los que hay que restar las horas que dormimos y entre nuestras horas de vigilia se reparte todo aquello a lo que debemos prestar atención: alimentarnos, asearnos, comunicarnos, aprender, enseñar... Y los contenidos que compiten por llamar nuestra atención como la información o el entretenimiento son cada vez más abundantes. Según lo que nos dicte el *trending topic* nos convertimos en expertos instantáneos en volcanes, pandemias, elecciones electorales, etc.; nuestra lista de series pendientes no deja de crecer; recibimos más correos electrónicos y nuestros grupos de WhatsApp son cada vez más activos. Seguimos a más gente en redes sociales y, cada poco tiempo, surge una nueva red a la que apuntarse. Además, nosotros mismos creamos y difundimos contenidos todo el tiempo o, por ejemplo, una persona con la que mantengo una conversación me empieza a dar ejemplos propios: yo hago tal cosa, he probado esto, a mí me ha pasado tal otra... Creo que con todo esto ya has entendido de qué va la economía de la atención.

Pero ¿por qué es una economía? Si queremos comprender cómo conviven la abundancia y la escasez de las cosas, la respuesta está en la economía. Según la RAE, «la economía es la ciencia que estudia los métodos más eficaces para satisfacer las necesidades humanas materiales, mediante el empleo de bienes escasos[1]».

Aquello que nos hace falta, el bien escaso, adquiere valor de forma inmediata. Un buen ejemplo de ello son las cosas vitales, como el agua en el desierto o el oxígeno en la alta montaña, pero también se convierten en algo imprescindible cosas tan dispares como los asientos en un vuelo en temporada alta, las mascarillas en un brote pandémico, o las acciones de una empresa al alza. En términos económicos esto lo explica el principio de la escasez el cual se basa en que «dado que las necesidades de las personas son ilimitadas, los recursos se vuelven escasos[2]». De esta forma, no es posible satisfacer todas las necesidades y siempre tendremos que elegir entre varias alternativas en las que queremos gastar nuestros recursos.

En otras palabras, el principio de escasez se basa en que las personas siempre necesitamos algo. Algo más. Y que los recursos son insuficientes para producir todos los bienes y servicios que requerimos para satisfacer nuestras necesidades, lo cual hace que el valor de determinados bienes aumente.

Un ejemplo similar ocurre con el agua, un recurso limitado y con una demanda creciente. Esto se debe no solo al aumento de la población, sino también por otros usos en constante crecimiento como el enfriamiento de los centros de datos que alojan los contenidos que subimos a internet, conocidos como la nube.

De igual manera sucede con la atención y el contenido. La atención es limitada, mientras que el contenido no deja de crecer. La atención se convierte en un recurso escaso y cada vez más difícil de gestionar, mientras que el contenido continúa aumentando, casi de forma espontánea.

2. La economía de la atención según los teóricos

La economía de la atención como concepto se originó en la segunda mitad del siglo XX y desde entonces ha sido objeto de estudio y teorización. Estas son algunas de las definiciones más significativas.

Herbert A. Simon, el precursor

Herbert Alexander Simon fue uno de los más grandes eruditos del siglo XX. Nacido en Milwaukee, Estados Unidos, recibió el Premio Nobel de Economía en 1978 y es considerado precursor de conceptos y disciplinas como la inteligencia artificial, el *design thinking*, la microeconomía y la utilización de datos para la toma de decisiones racional. Simon manejaba de forma transversal las matemáticas, la psicología y la economía, a la que solía definir como la ciencia de la elección. Fue el primero en introducir el concepto de la economía de la atención en 1971, cuando escribió sobre la escasez de atención en un mundo rico en información en su ensayo *Designing Organizations for an Information-rich World*[3]:

> «En un mundo rico en información, la riqueza de la información significa la escasez de algo más: la escasez de lo que sea que la información consume. Lo que consume la información es bastante obvio: consume la atención de sus destinatarios. Por lo tanto, una gran cantidad de información crea una pobreza de atención y la necesidad de asignar esa atención de manera eficiente entre la sobreabundancia de fuentes de información que podrían consumirla».

Simon definió la atención como el «cuello de botella del pensamiento humano» que marca los límites de nuestra capacidad para percibir y actuar. Defensores del *multitasking*, tomen nota: nuestra capacidad de pensar está limitada por nuestra facultad de concentrar nuestra atención en algo.

Michael Goldhaber, el profeta

Otro precursor del término economía de la atención es Michael Goldhaber, el físico, escritor y consultor que actualmente vive prácticamente retirado en Berkeley, California. Desde allí escribe novelas y de vez en cuando tuitea sobre temas de actualidad. Goldhaber es considerado un profeta de internet, ya que predijo el surgimiento de fenómenos como la telerrealidad, el mundo de los *influencers* y el uso de las redes sociales por parte de periodistas. En 1997, en su artículo *The Net and The Web*, retomó el término acuñado por Herbert A. Simon y planteaba lo siguiente:

> «Si la web y la red pueden verse como espacios en los que viviremos cada vez más nuestras vidas, las leyes económicas bajo las que viviremos tienen que ser naturales en este nuevo espacio. Estas leyes resultan ser bastante diferentes de lo que enseña la vieja economía o de lo que sugieren rúbricas como "la era de la información". Lo que más cuenta es lo más escaso ahora, a saber, la atención. La economía de la atención trae consigo su propio tipo de riqueza, sus propias divisiones de clases (estrellas frente a fanáticos) y sus propias formas de propiedad, todo lo cual la hace incompatible con la economía industrial basada en el mercado monetario que pretende reemplazar de manera justa. El éxito llegará a quienes mejor se adapten a esta nueva realidad[4]».

Es interesante que ya entonces, en ese internet que todavía era plano, en el que no había redes sociales como tal, ni tantos *followers* o *status* en las mismas, Goldhaber vislumbraba esa división de clases entre las estrellas y los fans, en una escala menor, los *influencers* y los seguidores o, dicho con otras palabras, los captadores de atención y quienes la prestan, pagan o regalan, según sea el caso o el país. De cómo se gestiona la atención según en qué lugar del mundo nos encontremos hablaremos más adelante en este libro.

Kevin Kelly, el consejero

Aunque han pasado casi veinte años desde su lanzamiento, la película *Minority Report* sigue siendo una referencia habitual para hablar del mundo del futuro. Para poder vislumbrar cómo sería el mundo en los próximos años, el director Steven Spielberg contrató como asesor a Kevin Kelly, un experto en entender el futuro. Kelly tenía notables credenciales como haber sido el editor ejecutivo y fundador de la revista *Wired* o publicar en 1998 el libro *Nuevas reglas para la nueva economía* (*New Rules for the New Economy*), en el que hablaba de estrategias de supervivencia en el entonces nuevo mundo conectado.

> «Esta nueva economía tiene tres características distintivas: es global. Favorece las cosas intangibles: ideas, información y relaciones. Y está intensamente interconectado. Estos tres atributos producen un nuevo tipo de mercado y sociedad, uno que tiene sus raíces en ubicuas redes electrónicas[5]».

Kelly vio claramente este nuevo orden mercantil, global e interconectado para el que además dio varias claves para sobresalir y por ende subsistir. De estas hablaremos en profundidad más adelante.

Mattew Crawford

Matthew Crawford es un escritor e investigador del departamento de Estudios Culturales Avanzados de la Universidad de Virginia y un apasionado conductor y mecánico de motocicletas. En 2015 publicó el libro *The World Beyond Your Head: How to Flourish in an Age of Distraction* [El mundo más allá de tu cabeza: Cómo prosperar en la era de la distracción], en el que plantea que debemos contemplar la forma en la que la atención define quienes somos. En el capítulo introductorio habla de la atención como un problema cultural y hace referencia a los recursos que compartimos, como el aire, el agua o incluso los libros. Sin embargo, establece la distinción clave para la atención a diferencia de estos: cada persona tiene una cantidad limitada de ella. La atención es un recurso escaso tanto a nivel colectivo como individual y es una de las propiedades más valiosas que tenemos como personas y como especie.

Tim Wu, el historiador

Quien sabe captar la atención tiene el poder de hacer con ella lo que quiera. Puede persuadirte para que hagas algo, para que le des tu voto, para que compres un producto o incluso para revender tu atención. Bajo esta premisa, Tim Wu, actualmente asistente especial del presidente Joe Biden para la Política de Tecnología y Competencia en el Consejo Económico Nacional de los Estados Unidos, publicó en 2016 *The Attention Merchants*[6], un libro que detalla la historia de la lucha por la atención y su comercialización desde la aparición de los primeros medios de comunicación masivos hasta nuestros días de internet y pantallas táctiles.

En su ensayo titulado *Blind Spot: The Attention Economy and the Law*, publicado en 2019, Wu define la Economía de la Atención de la siguiente forma:

> «Se ha convertido en un lugar común, especialmente en las industrias de medios y tecnología, hablar de una economía de la atención y de la competencia en los "mercados de atención". Hay incluso una moneda de la atención, la ficha de atención básica (*Basic Attention Token* [BAT]), que pretende servir como medio de intercambio de la atención del usuario. Empresas como Facebook y Google, que han establecido entre las más importantes de la economía mundial, dependen casi exclusivamente de los mercados de atención como modelo de negocio [...] en el surgimiento y la expansión de la "industria de la atención", los negocios dependen de la reventa de la atención [...] es llamar la atención ofreciendo algo al público (entretenimiento, noticias, servicios gratuitos, etc.) y luego revender esa atención a los anunciantes por dinero en efectivo[7]».

En su libro *Comerciantes de atención: La lucha* épica *por entrar en nuestra cabeza,* plantea su evolución como negocio:

> «Aunque el comercio de la atención consistiera al principio en operaciones primitivas e individuales, el juego de cosechar la atención humana y venderla a los anunciantes se ha convertido en una parte fundamental de nuestra economía.
>
> Antes del siglo XIX, la atención humana era un recurso prácticamente sin explotar si se compara con las aplicaciones que iba a terminar teniendo a nivel comercial y político. Uno de los motivos era la ausencia de la publicidad tal y como la conocemos hoy en día».

Jenny Odell, la artista crítica

Nacida en San Francisco, criada en Cupertino y educada en Stanford, la artista californiana Jenny Odell, conoce bien de cerca el mundo de las redes sociales por el entorno en el que estuvo inmersa. Y por lo mismo apela a la desconexión, a la presencia y a la contemplación del entorno físico en su libro *Cómo no hacer nada: resistirse a la economía de la atención*, y se refiere a esta como:

> «Es una economía en la que la moneda es tu atención y que se puede medir de varias formas, *engagement*, el tiempo que pasas en una plataforma. La economía de la atención está relacionada directamente con las redes sociales y sobre todo la publicidad, entendida como algo que se diseña y elabora por un grupo de personas cuyo objetivo es captar tu atención y eventualmente derivarla a realizar una compra[8]».

Sin embargo, Jenny Odell hace una distinción a la calidad de la atención diferente a la que menciona Tim Wu sobre la ficha de atención básica, ya que considera que la atención no es algo que se pueda estandarizar puesto que hay diferentes tipos:

> «La mayoría de la moneda está estandarizada. Ya no hacemos trueque, así que se basa en la idea de estandarización, uniformidad y consistencia. Y en mi experiencia, la atención no es así. Tienes formas de atención superficial, tienes atención realmente profunda, prestas diferentes tipos de atención a diferentes cosas en diferentes situaciones. La diferenciación y la proliferación de la atención son cosas que puedes aprender, que es una de las razones por las que hablo tanto del arte en este capítulo. Para mí, esa dimensión de la atención y la percepción humana está ausente en esa formulación».

Efectivamente, hay diferentes tipos de atención, tanto en profundidad como en temporalidad, y de ellos hablaremos también más adelante.

3. La competencia acérrima: la voz de las empresas de comunicación

Hace algunos años, era posible hacer carrera en el mundo de la comunicación sin salir de un sector específico. Si alguien decidía estudiar y trabajar en el mundo del cine, se dedicaba a hacer películas; si alguien quería dedicarse a la publicidad, se centraba en hacer anuncios; si alguien estudiaba teatro, sabía que su profesión se desarrollaría en los escenarios toda su vida. Sin embargo, en el mundo de la convergencia de los medios y la economía de la atención esto es prácticamente imposible.

> Quienes trabajamos en el mundo de la comunicación sabemos y debemos comprender que vivimos en un mundo en el que competimos todos contra todos.

Quienes trabajamos en el mundo de la comunicación sabemos y debemos comprender que vivimos en un mundo en el que competimos todos contra todos por la atención de la gente: empresas, instituciones, creadores autónomos, etc. Esto nos abre una perspectiva con respecto a cómo trabajar, con quién aliarnos y por qué hacerlo. Y, por supuesto, nos abre un amplio abanico creativo en términos de lo que podemos hacer, pensar o crear a nivel global. Y, ojo, también se pueden encontrar formas de colaboración interdisciplinar altamente fértiles.

De igual forma, ya no podemos limitarnos a considerar únicamente a nuestros competidores locales. La competencia por la atención es de orden global porque el mundo digital borra fronteras. Esto hace que creadores, productores, cineastas, publicistas y casi cualquier tipo de narradores, sin importar en qué parte del mundo estemos o a quien supongamos que vaya dirigida nuestra historia o nuestro producto, compitamos entre nosotros.

Netflix contra el sueño

Reed Hastings fundó Netflix el 29 de agosto de 1997, una empresa que combinaba el entretenimiento y la tecnología. Inicialmente, Netflix era un servicio de alquiler de películas a través de un videoclub en línea, donde los DVD se enviaban por correo. Sin embargo, en 2010, la compañía dio un paso crucial al lanzar su servicio de *streaming* con tarifa plana por todo su catálogo, eliminando la necesidad de soporte físico y envíos de DVD.

En 2013 lanzó su primera serie de producción propia, *House of Cards,* con una estrategia innovadora: lanzar todos los episodios de la temporada al mismo tiempo, lo que impulsó el fenómeno del *binge-watching* o maratón de series. Este enfoque revolucionario capturó la atención del público, como señala Tim Wu en su libro: «A través de *House of Cards*, Netflix descubrió o redescubrió una forma de atención que parecía perdida. No esa atención fragmentada a la que nos habíamos acostumbrado sino una atención más sostenida, la de verse ocho episodios de una serie de golpe[9]». Después de un par de años esto se convirtió en la forma habitual de consumo y ahora que una serie estrene capítulos de forma semanal es algo más bien exótico.

Netflix no solo ha cambiado nuestros hábitos, también se ha convertido en un referente de la captación de la atención, como Coca-Cola a los refrescos o Bimbo al pan de molde. He perdido la cuenta de cuántas presentaciones de empresa comenzaban con «somos el Netflix de (elige el sector o tema que más te guste)». Todas las empresas quieren ser un poco como Netflix y quienes nos dedicamos a la comunicación queremos arrebatarle un poco de la atención que acapara o, al menos, que nos la preste un rato.

Mientras libramos la batalla global y horizontal por la atención, Reed Hastings dice que Netflix compite contra fuerzas de la naturaleza mucho más contundentes:

> «El mayor rival de Netflix no es Disney, Amazon o YouTube: es el sueño (las horas de descanso). En Amazon están haciendo una gran programación, y seguirán haciéndola, pero no estoy seguro de que eso nos afecte a nosotros porque el mercado es muy grande. Pensad sobre ello: cuando ves una serie de Netflix y te enganchas, te quedas hasta tarde viéndola. Realmente, y al final, estamos compitiendo con el sueño[10]».

Todos contra Netflix

Y mientras que Netflix tiene este planteamiento onírico de su competencia, las empresas de comunicación aspiran a ser como la empresa de Los Gatos[11], subirse a su mismo cuadrilátero y pegarle algún rasguño de cualquier forma. Por ejemplo, Javier Tebas, presidente de LaLiga, afirma: «competimos con las grandes ligas y con Netflix,

Amazon Premium, HBO... debemos estar preparados. El 70 % de los ingresos provienen de la televisión. Hay que tener nuevas ventanas y no estar pasivos[12]».

En el mundo del fútbol en particular hay una verdadera preocupación por el terreno que están ganando las series, las plataformas *Over The Top* (OTT) de libre transmisión de contenido que no se encuentran vinculadas a un proveedor de servicios de televisión tradicional y el consumo de contenido bajo demanda. Además, el fútbol se enfrenta a la difícil tarea de competir con las industrias del entretenimiento, como explicó Mariano Elizondo, expresidente de la Superliga argentina: «competimos contra Netflix, contra un partido de Messi un sábado por la tarde, con la Premier League, con la Liga Italiana», por lo que es necesario valorar el rasgo singular de su liga. Para abordar este desafío Elizondo afirma que «hay que buscar plataformas diferentes, quizás OTT para tener una distribución correcta del contenido y que a la hora de elegir no tengan solamente NBA o Fórmula 1, sino que también tengan un partido de la liga argentina brasileña o chilena[13]».

Pero el tema tiene matices de mayor gravedad como los que mostró Florentino Pérez, presidente del Real Madrid, durante la presentación de la Superliga en abril del 2021: «el mundo cambia. O no tienen suficientemente interés los partidos o hay que acortarlos. En mi caso, hay muchos partidos que no los aguanto[14]».

Esto ha generado nuevos fenómenos, tal vez inesperados, como la Kings League, una competición de fútbol 7 liderada por el *streamer* Ibai Llanos y Gerard Piqué, ambos expertos en captación de atención, que empieza a ser competencia directa del fútbol profesional y que se emite a través de Twitch, donde llega a captar audiencias de 200 000 personas conectadas para ver un partido.

El fútbol no es el único deporte en el que se están replanteando cosas. Patrick Mouratoglou, entrenador de tenistas de élite como Serena Williams, es un gran impulsor de la transformación del tenis como producto de entretenimiento: «Los jóvenes ya no quieren seguir partidos durante horas en completa calma». Además, se suma al carro de competidores de Reed Hastings: «Competimos contra Netflix, las redes sociales, los videojuegos, los deportes electrónicos y otros deportes. Nuestro producto es un poco anticuado. Muy largo, muy lento[15]».

En este mundo en el que Netflix es uno de los referentes globales de la captación de la atención, la industria publicitaria se encuentra en un proceso de adaptación, ya que las plataformas OTT eran hasta hace poco territorio inhóspito para la interrupción publicitaria.

Aunque el modelo de las plataformas AVOD, de vídeo bajo demanda gratuito a cambio de ver spots comerciales, crece en la medida que la audiencia cuestiona el pago a plataformas SVOO de vídeo bajo demanda por suscripción SVOO, los contenidos publicitarios tienen un encaje difícil estos panales de atención. Con el tiempo, a medida los suscriptores sean nativos digitales, lo tendrán más complicado. Por esta razón, los creativos publicitarios aspiran a captar esa atención, como afirma Miguel García Vizcaíno, de la agencia Sra. Rushmore[16]: «desde hace años, Sra. Rushmore se dedica al sector del entretenimiento. Competimos contra Netflix y el fútbol. No puedes ser aburrido».

Esta ambición está cambiando muchos estamentos en el mundo publicitario, donde se trabaja cada vez más para conciliar los objetivos que marcan los clientes, es decir, las marcas, con la captación de la atención a través de formatos no publicitarios o al menos alejados de la interrupción tradicional y la dificultad que supone para esta el que la atención de la gente esté en nuevas plataformas impermeables a dichas interrupciones. Según Enrique Díaz Palancar, director del área digital e innovación de la agencia de medios Equmedia: «nadie puede negar que vivimos en un mundo digital que cada vez lo es más. Los últimos estudios muestran que dedicamos cerca de cinco horas al día en nuestros dispositivos móviles y no solo eso: muy a menudo conectamos o relacionamos el mundo digital con el mundo físico; tanto, que la gente olvida que está caminando en calles transitadas porque está inmerso en las pantallas de sus dispositivos móviles. Para los anunciantes y agencias, este comportamiento debe hacernos pensar en la importancia que tiene la tecnología en la economía de la atención a la hora de plantear campañas y estrategias de comunicación[17]».

Lo que sucede en las pantallas que nos rodean no difiere mucho de lo que sucede en los eventos que se realizan en el mundo físico. Como explica Ben Morsoom, fundador de la metodología Neuroscaping, la aplicación de la neurociencia y la psicología para la organización de eventos: «Competimos con Netflix y la TV, y ahora debemos ser unos genios en guionización y en *storytelling*. Copiar y pegar el evento físico en *online* es uno de los errores más repetidos y ¡no funciona![18]».

Pero más allá del mundo de la comunicación como tal, la atención captada por Netflix también afecta a otros ámbitos, por ejemplo, el de la comida a domicilio. Miguel Justribó quien fue VP Brand & Communications de Grupo Telepizza afirmaba también que competían contra Netflix. Telepizza, sí. ¿Sería por la economía de la atención quizá? Puede que como pizzería no, pero como marca, sin duda alguna. Las marcas son protagonistas clave de la economía de la atención, ya que históricamente son quienes mejor pagan por nuestra atención para poder vendernos sus productos y servicios.

Como mencionaba al inicio, en el mundo de la comunicación ya no se puede hacer carrera en una sola disciplina. La convergencia digital requiere de conocimientos interdisciplinarios y asociaciones entre actores de diferentes sectores que aseguren, en la medida de lo posible, la captación de la atención. De diferentes ejemplos y de cómo hacerlo hablaremos más adelante en el libro.

La economía de la atención no solo involucra a teóricos de la economía y de la comunicación o a las grandes empresas generadoras de contenido. En esta economía entra en juego una categoría nueva, pero muy amplia: los creadores de contenido, personas o pequeños grupos de personas que sin ser grandes empresas de comunicación han conseguido captar la atención de millones de personas.

4. La economía del creador. ¿Qué dicen los creadores de contenido?

La economía del creador (*creator economy*), se refiere a los pequeños y medianos creadores independientes y a los nuevos negocios generados en torno a sus contenidos o a su imagen personal. Este término abarca: *bloggers*, *videobloggers, instagramers, streamers, tiktokers* y otras denominaciones asociadas a la plataforma predominante, aunque casi ninguno se libra de ser creadores multiplataforma.

La proliferación de estos creadores de contenidos está vinculada directamente a la economía de la atención y a la expansión de las redes sociales, las cuales, según Tim Wu: «han abierto la puerta a que todo el mundo aspire a ser famoso o, al menos, microfamoso». Hoy en día todos conocemos a alguien que intenta captar la atención de su grupo de amigos, de compañeros del colegio o de la universidad, de la familia o de su sector empresarial a través de la generación de contenido en sus redes sociales. Algunos trascienden y logran captar cantidades relevantes de seguidores que les generan ingresos que van desde lo simbólico hasta un sueldo más que digno.

Estos creadores (*creators*) son grandes atractores de atención que han sabido capitalizar sus contenidos y en muchos casos plantarles cara a grandes medios de comunicación. Aunque el número de seguidores en ocasiones no sea exorbitante, aquellos que les siguen confían más en ellos que en los grandes medios de comunicación y les siguen allá donde van. Algunos creadores se han aliado con gente de negocios para crear estructuras empresariales que les permitan concentrarse en sus contenidos y rentabilizarlos.

Uno de los sectores más prósperos en la economía del creador es el de los videojuegos. En este mundo, aquellos que captan más atención, ya sea por sus habilidades o su capacidad para comunicar y entretener, comparten su experiencia jugando, revelando estrategias y trucos mientras graban sus pantallas en transmisiones en vivo o videos pregrabados, que suelen publicarse en plataformas como YouTube y Twitch. El éxito de un jugador de eSports ya no solo se mide en la atención que capta, sino también por su rol como líder de un equipo o como CEO de su propio equipo, que ha dejado de ser una organización lúdica para convertirse en una entidad empresarial.

Un ejemplo destacado en la escena española lo tenemos con Ibai Llanos, el *gamer* más famoso, que comenzó como narrador de deportes electrónicos subiendo partidas a YouTube con 15 años y ha llegado a fundar un equipo de eSports junto con el futbolista Gerard Piqué, además de la Kings League que he comentado anteriormente. El equipo, llamado KOI, compite a nivel nacional e internacional en torneos de videojuegos, especialmente en la Superliga de League of Legends, una competición española del videojuego[19].

La economía del creador en números

Para darnos una idea de la dimensión de la economía del creador, extraemos los siguientes datos del blog storybaker.co de Mauricio Cabrera, experto en la *creator economy* y creador en sí mismo:

- «De los 31 millones de canales existentes en YouTube, únicamente un millón de creadores cuentan con más de 10 mil suscriptores.
- De las más de mil millones de cuentas en Instagram, 500 mil tienen más de 100 mil seguidores y sus creadores son considerados como *influencers* activos.
- Twitch cuenta con más de 3 millones de *streamers*, de los cuales 2.7 millones no alcanzan el estatus de *partners* o afiliados.
- De acuerdo con cifras mencionadas por Daniel Ek, el número de creadores en Spotify ha pasado de 3 millones a 8 en este año, proyectando que para el 2025 habrá 50 millones de creadores en su plataforma, lo que representa, alcanzar el equivalente al total de creadores que se estima que hay en la actualidad».

En resumen, si bien el número de creadores ha crecido exponencialmente en los últimos años, un porcentaje minoritario de estos concentra la mayor parte de la atención.

Los creadores, como los productores, deben ser multiplataforma

De igual forma que los profesionales de la comunicación ya no pueden actuar únicamente en sus respectivas islas o sectores, los creadores tienen que expandir su oferta de contenidos a diferentes plataformas para aumentar y retroalimentar sus audiencias.

Cuando el creador de contenidos y empresario mexicano Oso Trava comenzó con su pódcast *Cracks*, nunca pensó que a partir del éxito de este tendría que adecuar su oferta de contenidos a diferentes formatos y plataformas, desde la grabación en vídeo de sus pódcast, la generación de *stories* en Instagram y TikTok, y la producción de vídeos en YouTube[20]. La razón detrás de esta estrategia es conquistar nuevas audiencias y al mismo tiempo fidelizar las ya adquiridas. En un mundo donde nuestra atención se encuentra dispersa entre diferentes redes y pantallas, si tenemos afinidad con un medio, marca o creador, esperamos que estén presentes en las plataformas donde pasamos nuestro tiempo. Queremos acceder al contenido que nos interesa sin tener que buscarlo en un lugar específico. Por lo tanto, en respuesta a los consumidores multiplataforma, se requiere una oferta multiplataforma.

En la economía de la atención, el papel de los consumidores, de la audiencia y del público es fundamental. Vivir en medio de esta batalla por captar nuestra atención o, mejor dicho, ser objeto de esta batalla nos afecta directamente. Si nuestra limitadísima atención es el Santo Grial por el que tantas empresas, instituciones, marcas y creadores están compitiendo, por supuesto, que repercute y nos afecta a todos. En la economía de la atención, nosotros somos el producto.

5. Nosotros los *prosumers*. ¿Por qué la economía de la atención afecta a personas de todas las edades?

Si estás leyendo estás líneas, estás consumiendo contenidos. Y aunque no te dediques profesionalmente a ello, seguramente generes muchos más contenidos de lo que supones. ¿Has enviado un mensaje de WhatsApp recientemente? ¿Se trataba de un texto, una foto o un vídeo? Una vez que lo enviaste, ¿obtuviste alguna respuesta? ¿O varias? Si respondiste «sí» a estas preguntas más veces que «no», es porque generas contenidos, y si lo haces naturalmente estarás buscando captar la atención de alguien y obtener una respuesta. ¿Recuerdas la sensación de enviar un mensaje de WhatsApp, ver el doble *check* de que ha sido leído y no recibir respuesta alguna? Podemos extrapolar esto a los sitios en los que generamos y consumimos contenidos, desde el correo electrónico hasta tu red social favorita.

Vamos a aterrizar esto en cómo nos afecta el formar parte de la economía de la atención en nuestro día a día. Piensa en todos los servicios digitales gratuitos o casi gratuitos que utilizas como las redes sociales, los diarios *online*, los juegos, los sitios de entretenimiento, el correo electrónico o el WhatsApp. Te darás cuenta de que, aunque no haya una transacción monetaria directa asociada a ellos, sí existe un intercambio de valor: tu atención y, ya de paso, tus datos.

Esto nos afecta porque donde focalizamos nuestra atención determina en cierta forma el rumbo de nuestras vidas, desde las decisiones más simples como elegir qué o dónde vamos a comer hoy, o si la próxima canción que vamos a escuchar es de Rosalía o de Julio Iglesias hasta decisiones más complejas como la carrera que vas a elegir, la empresa a la que vas a enviar tu currículum o a qué candidato vas a votar en las próximas elecciones.

Por otro lado, la atención también está relacionada con la ansiedad que puede generarnos el deseo de ser aceptados por un círculo social virtual que apruebe o desapruebe nuestra imagen o el sitio al que nos vayamos de vacaciones a través de *likes* o comentarios. La atención es la forma en la que aprendemos, en la que digerimos lo que pasa a nuestro alrededor y lo que elegimos ser.

La atención es la forma en la que aprendemos, en la que digerimos lo que pasa a nuestro alrededor y lo que elegimos ser.

Por tanto, es importante comprender que la economía de la atención no solo afecta a los jóvenes hiperconectados (y, de hecho, es incorrecto asumir que solo ellos tienen un alto consumo de internet y sus contenidos). Nos afecta a todos, desde personas jubiladas que están decidiendo en qué gastar su pensión hasta niños de guardería que están jugando por primera vez con una *tablet*. Es clave que entendamos que estamos inmersos en esta economía y crear conciencia de la importancia no solo de los contenidos que consumimos, sino también de los contenidos que producimos y compartimos.

6. Nosotros somos el tráfico y el *engagement* es la moneda

La atención es uno de nuestros bienes más preciados. Sin embargo, su valor se diluye cuando se considera en masa. La atención de muchas personas en conjunto se transforma en tecnicismos como tráfico, inventario, *eyeballs*, GRP, *followers*, intención de voto... a final de cuentas, audiencias. Captación de atención se realiza en el formato que mejor se pueda vender en cada mercado específico.

Te propongo el siguiente ejercicio:

1. Mira el reloj y toma nota de qué hora es.
2. Entra la web de tu medio *online* favorito, diario generalista, de moda, deportivo, del corazón, a través de un navegador (que no tenga bloqueador de publicidad).
3. Busca un titular de esos muy llamativos como «Impactantes imágenes...», «¿Es este el mejor gol de la historia?» o «Las fotos de (equis celebridad) que han incendiado Instagram» seguido de un mensaje similar a: «haz clic en el enlace».
4. Cuenta el número de impactos publicitarios, ya sea a través de *banners, spots,* pre-*rolls* o artículos relacionados que has visto antes de llegar a la información que te prometía el titular.
5. Ahora mira el reloj y cuenta cuánto tiempo ha pasado desde que entraste al sitio y has decidido poner tu atención en otro tema, ir a otra web o directamente cambiar de aplicación.

Todo este proceso es relevante porque cada aspecto cuenta: el sitio al que decidiste entrar, el tiempo que pasaste en él, la noticia en la que hiciste clic y los anuncios que viste (o intentaste evitar) en el camino. Esta estrategia se llama *clickbait* y hablaremos de ella más adelante, pero es importante tener claro que todos estos factores tienen un valor significativo en el contexto de la atención.

Las empresas que basan sus modelos de negocio en la atención que logran acaparar, ya sean plataformas tecnológicas o medios de comunicación, utilizan estos datos como el número de usuarios o el tiempo que estos pasan en ellas, además de varias combinaciones de ambos factores, para comerciar con otras empresas, especialmente anunciantes, quienes buscan obtener la atención de los usuarios a toda costa. Seguro que has leído titulares como este en medios del sector de la comunicación: «Instagram: 1320 millones de usuarios activos en el mundo[21]», «Antena 3 registra el 13.8 % de cuota de pantalla es líder de temporada por segunda vez en la historia[22]». La atención que dedicas a los medios le da valor a sus propios negocios y a sus clientes. Y si encima este proceso del que hablábamos funciona y haces clic en alguno de los anuncios, ralentizas tu *scroll* sobre él o decides ver unos cuantos segundos más de ese pre-*roll* antes de cerrarlo, deja rastro de tus gustos, hábitos, temas de interés. Cuanta más información tienen sobre ti, más fácil les resulta volver a captar tu atención. Su objetivo principal es mantener tu atención y *engagement*.

> En la economía de la atención el *engagement* es la moneda.

El *engagement*, que implica entablar, vincular y comprometer al usuario, es la moneda en la economía de la atención. Y es el gran objetivo de las empresas de entretenimiento o, mejor dicho, de las empresas de la atención.

El éxito de una empresa de la economía de la atención radica en que volvamos a ella. Que, por ejemplo, cuando abras tu navegador teclees de forma inconsciente «elpais.com» o «marca.com» o que apenas despiertes abras Instagram o WhatsApp. Regresamos a estas plataformas de forma recurrente porque nos prometen nuevos estímulos: noticias, imágenes o incluso de respuestas. Las redes sociales nos incentivan a subir contenidos para recibir una dosis de dopamina en forma de *likes* cuando nuestros amigos, que están al otro lado de la pantalla, abren Instagram al despertar. Todo esto se cuenta y se vende como parte del inventario. Son máquinas perfectamente diseñadas.

¿Y qué ocurre con las plataformas de suscripción como Netflix, HBO Max o Spotify, donde el contenido se compra o se produce? Estas plataformas también necesitan mantener la atención de los usuarios, por lo que a menudo se prioriza la cantidad sobre la calidad. El valor de un contenido se ha vuelto menos importante, ya que lo primordial es ofrecer constantemente algo nuevo, de ahí que la categoría de Estrenos debe tener siempre novedades. Sin embargo, a medida que las plataformas se asientan con sus audiencias, comienzan a apostar por un modelo más sostenible en el que se producen menos contenidos, pero de mayor calidad y duración.

Antes de seguir navegando y haciendo clics, no debes olvidar que cuando un servicio en línea es gratuito, no eres el cliente, sino el producto. Tu atención y tus datos son el valor que se vende en esta economía.

2. La atención y la escasez

1. Qué es la atención y cómo funciona

Estás leyendo esta línea, tu atención está aquí. Sin embargo, al mismo tiempo eres consciente de que acaba de pasar una motocicleta debajo de tu ventana o, con un poco más de suerte, un pájaro está canturreando al otro lado del jardín. Y ahora que mencioné la palabra pájaro acabas de recordar un tuit que leíste hace dos días y te hizo reír. Te he perdido.

O tal vez estés escuchando estas líneas en versión audiolibro mientras caminas por la calle y, al mismo tiempo que escuchas, te has detenido antes de cruzar un paso de cebra porque te sorprendió el sonido del claxon de un coche que pasó al lado y que te hizo girar la cabeza. Después de comprobar que no corrías peligro has levantado la vista y has notado que el cielo se está nublando y te has acordado de que dejaste la ropa tendida...

Nuestro cerebro está procesando mucha información todo el tiempo. Tanto estímulos externos como internos. La atención es un proceso que nos permite priorizar las entradas sensoriales que recibimos[1] y lidera y decide sobre cuál de todos esos estímulos ponemos el foco y actuamos, sin dejar de estar preparados para que esta priorización cambie de forma constante.

Mi descripción favorita de lo que es la atención es la de Amishi Jha, profesora de psicología de la Universidad de Miami[2], que propone que imaginemos que vivimos en una habitación muy oscura y que vamos equipados con una linterna. Allá donde dirigimos la linterna es donde centramos nuestra atención. Podemos ver con claridad aquello que estamos alumbrando. Sin embargo, en la habitación se suceden muchos ruidos que hacen que apuntemos con la linterna para buscar el origen de cada uno: delante, detrás, arriba, abajo. Una vez que logramos centrarnos en algo, hay muchos estímulos que nos llaman, que piden que los alumbremos. A veces podemos centrarnos en lo que tenemos iluminado pero otras tantas sucumbimos a la distracción. Hay veces que lo que nos distrae es más relevante que en donde teníamos puesta la atención, y eso nos puede salvar el pellejo, evitar que nos atropelle un coche o que se nos queme un plato en el horno. Pero muchas veces, la mayoría son solo distracciones y a medida que avanza la tecnología, estas distracciones están mejor diseñadas para llamar la atención.

2. Los diferentes tipos de atención

La atención se divide en diferentes tipos, según su profundidad o la naturaleza de los estímulos en los que se focaliza como la atención focalizada, la atención sostenida o la selectiva; la que responde a estímulos externos: dividida, auditiva, encubierta, visual y abierta y, por último, nuestra atención interna.

La atención te permite, por ejemplo, fijar tu atención en estas líneas que estás leyendo o escuchando. La llamada atención focalizada, nos permite centrar nuestra atención en un estímulo. Si esta atención focalizada se extiende por un período largo de tiempo, se considera atención sostenida. Si la atención sostenida nos permite centrarnos en un estímulo o actividad en concreto en presencia de otros estímulos distractores, se denomina atención selectiva. De estas hablaremos más adelante en este capítulo.

Tenemos también la atención externa, que es la que responde a los estímulos externos o que proceden de nuestro entorno. Esta atención puedes mantenerla mientras realizas otras acciones como, siguiendo el ejemplo anterior, caminar (atención dividida) el percibir sonidos del entorno (atención auditiva) sin que nos alteren como la motocicleta o el pájaro (atención encubierta) o visuales como el paso de cebra (la atención visual, con la que percibimos estímulos de que aparecen en nuestro campo de visión), hasta que cobran importancia como cuando escuchas el claxon y giras la cabeza para ver de donde proviene (la atención abierta, que conlleva una respuesta motora que nos ayudan a centrar la atención[3]).

Pero cuando recordamos el tuit de hace dos días, que hemos dejado la ropa tendida fuera de casa o ese problema que nos está quitando el sueño, entra en acción nuestra atención interna, que es la que prestamos a nuestros pensamientos o procesos mentales, un tipo de atención que se cuece aparte.

La atención interna forma una parte muy importante de nuestras vidas, diría que crucial. Tiene la capacidad de enfocarse en tres momentos: el pasado, el presente y el futuro. Nuestra mente tiende a saltar de forma natural entre estos tres momentos, aunque a menudo tenemos la tendencia a quedarnos atrapados en eventos pasados, rumiando conversaciones desagradables o preocupándonos por suposiciones sobre el futuro, como una presentación o un examen próximo. Si llevamos esto al extremo, puede afectar nuestro estado de ánimo.

Es por esto por lo que disciplinas como la meditación están basadas en focalizar nuestra atención en el presente, sin reprimir o juzgar la tendencia a pensar en el pasado o en el futuro, sino poniendo la conciencia en el aquí y el ahora, a través de la práctica de la respiración consciente. Por otro lado, cuando dirigimos nuestra atención interna hacia temas positivos, al ser conscientes de ello, se convierte en un elemento clave para nuestro bienestar. Sin embargo, si nos enfocamos en temas negativos, puede generar una gran ansiedad, ya que es una respuesta natural ante una amenaza real o continua, y depresión en los casos más graves. Por tanto, comprender cómo funciona nuestra atención y entrenarla se convierte en un factor clave para evitar este tipo de problemas, que curiosamente se vuelven cada vez más comunes en nuestra sociedad.

3. ¿Dónde está nuestra atención?

Nuestra atención es limitada ya que los días tienen un total de veinticuatro horas, ni una más. Sin embargo, cada vez dedicamos más tiempo a mirar pantallas y esto se debe principalmente a dos factores. En primer lugar, porque cada vez hay más pantallas en nuestra vida cotidiana: televisiones, móviles, ordenadores, *videowalls* en tiendas, recepciones, aeropuertos... En segundo lugar, porque la oferta de contenidos sigue creciendo constantemente. Por ejemplo, en 2010 YouTube sacaba pecho porque cada minuto se subían a la plataforma

24 horas de vídeo. Más de diez años después, esa cifra ha subido a 500 horas de vídeo por minuto[4]. Ya hay más contenido del que nos daría la vida para consumir. Y de esto se trata la economía de la atención: del imparable crecimiento de la abundancia de los contenidos frente a las fronteras inamovibles de nuestra atención.

Hace apenas unos años solíamos usar la frase «me voy a conectar a internet» para realizar acciones puntuales como revisar el correo, buscar información o comprar algo. Sin embargo, ahora la necesidad y la tendencia es «desconectar un rato». Nos encontramos en una era en la que despertamos y lo primero que hacemos es revisar las tendencias en las redes sociales antes incluso de lavarnos la cara, o nos acostamos viendo vídeos de reformas o recetas maravillosas. Estos hábitos se han convertido en parte de nuestra vida cotidiana.

Si hablamos de teléfonos inteligentes, las estadísticas a nivel macro revelan que los estadounidenses pasan de promedio 3 horas y 43 minutos al día mirando las pantallas de sus dispositivos móviles y los británicos 3 horas con 23 minutos[5]. Y aquí no estamos contando el resto de las pantallas.

En mi caso personal, la aplicación de Screen Time indica que la semana pasada pasé una media de 4 horas y 35 minutos mirando la pantalla de mi móvil. Y eso sin contar las horas de pantalla de ordenador ni las de pantalla de televisión.

Y aunque el consumo televisivo va en descenso, según Nielsen Co., el estadounidense medio aún dedica 3 horas y 46 minutos al día a ver la televisión, lo que supone más de 52 días al año[6].

Si sumamos las horas dedicadas al móvil y a la televisión, obtenemos alrededor de 7 horas al día, lo que se traduce en casi 100 días al año con la vista fija en estas dos pantallas. 100 días al año. Si a esto le sumamos las ocho horas recomendadas de sueño al día, nos quedan aproximadamente 9 horas al día para hacer todas las demás actividades: comer, conversar, leer, trabajar, aburrirnos. Pensar.

Otras actividades en las que se podría repartir nuestra atención cada día son:

- Redes sociales: 2 horas y 22 minutos.
- Prensa online: 1 hora y 56 minutos.
- Música en *streaming*: 1 hora y 33 minutos.
- Pódcast: 52 minutos.
- Videojuegos: 1 hora y 14 minutos[7].

4. La dimensión de nuestra atención

Nuestra atención es un recurso escaso en todas sus dimensiones. Por un lado, tenemos un límite de 24 horas al día para enfocar nuestra atención en diferentes aspectos. Esta atención se divide en pequeñas partes conocidas como el *span* o intervalo de atención. Este concepto se refiere a nuestra capacidad para mantener la concentración en una sola tarea o estímulo, sin distraernos con otras tareas o estímulos, tanto externos como internos.

Según explica el psicólogo José Antonio Tamayo: «El *span* atencional es la amplitud de esa capacidad que tenemos para poder prestar atención y procesar, por ejemplo, diferentes unidades atencionales, estímulos, ítems, de forma simultánea, pero también a lo largo del tiempo[8]».

Por otro lado, incluso dentro de ese marco de tiempo de las 24 horas, nuestros intervalos de atención son breves y apenas duran unos segundos. Además, se están reduciendo todavía más, y es muy probable que esto se deba a la cantidad de estímulos a los que estamos expuestos. Durante el siglo XXI, hemos experimentado una disminución significativa en nuestro intervalo de atención, pasando de tener un promedio de 12 segundos en el siglo XX a aproximadamente 8 segundos en la actualidad[9]. Si en algún momento has pensado que tienes memoria de pez, primero, es cierto y, segundo, ya sabes cuál puede ser la causa.

5. El ciclo de atención sostenida

El ciclo de atención sostenida, es decir, el tiempo en el que podemos mantener nuestra atención enfocada en una actividad antes de cansarnos, está calculado entre 90 y 110 minutos[10]. Una hora y media es la duración por ejemplo de una clase, de un partido de fútbol o una película, pero la duración de este intervalo varía en función de cada persona y sus circunstancias.

Con la recién adquirida costumbre de consumir historias en forma de series es posible que incluso dos horas nos parezcan mucho tiempo. Elegimos series con episodios de una hora de duración o menos, porque esto implica menos compromiso, aunque luego terminemos viendo tres episodios de una hora uno tras otro. Y eso que estamos hablando de entretenimiento. Pensemos un momento en que nos agendan una reunión de trabajo de una hora y media. Larga.

Pensemos en la creciente dificultad que tenemos para realizar tareas con una atención sostenida. ¿Hace cuánto tiempo que no lees un libro de un tirón? ¿Hace cuánto que no escribes durante dos horas seguidas? Hay actividades que requieren tiempo y cocción y la creciente cantidad de estímulos que recibimos a diario las hace imposible de realizar sin interrupciones.

En el ámbito educativo, la dificultad para mantener la atención de los estudiantes es aún más evidente. Incluso con estrategias de enseñanza dinámicas, vídeos y actividades prácticas, la duración de las clases puede resultar un desafío para captar y mantener el interés de los estudiantes. En más de una ocasión he tenido la experiencia de dar 5 horas de clase (!) con dos breves descansos para tomar café para que les diera algo de aire a los alumnos... y también para que respirara un poco el maestro. Y por más malabares que pueda hacer uno, después de la tercera hora estaba seguro de que ya nadie se había enterado de nada. Además, el uso generalizado de dispositivos móviles y ordenadores en las aulas, con sus constantes alertas y notificaciones, añade una capa adicional de distracción y dificultad para mantener la atención en el contenido educativo. Ya puedes tener un programa ultradinámico y un PowerPoint con fuegos artificiales, que no habrá manera de atraparles.

¿Cómo afecta a nuestra atención la cantidad de estímulos en la que vivimos?

Además de nuestra atención también tenemos una capacidad de concentración limitada en el tiempo, lo que se conoce como capacidad de atención (*attention span*). Por ejemplo, nuestros ancestros que vivían en el campo, cuando escuchaban un sonido distante, fijaban su atención para saber si se trataba de una amenaza y si no lo era, se desentendían y seguían su camino. Este tiempo es lo que dura nuestro *attention span*, apenas unos segundos.

Nuestra atención es atraída por la novedad, lo que brilla de pronto, un sonido que interrumpe, un olor que nos atrapa. Esta llamada de atención genera dopamina, un neurotransmisor relacionado con las sensaciones de placer y relajación. La dopamina se produce en respuesta a emociones intensas, consumo de sustancias y también la recepción de estímulos inesperados y sutiles. Una vez que se termina la novedad, la atención se desvanece. Los estímulos pierden su capacidad de captar nuestra atención y se vuelven invisibles. A pesar de esto, la dopamina tiene un efecto adictivo y, tras un período de abstinencia, anhelamos nuevamente esa sensación placentera: la primera cucharada de un helado, el primer trago de una cerveza, la vista de un paisaje al abrir una ventana o los primeros acordes de un concierto. Si todos estos maravillosos estímulos los repetimos de forma continuada, nos saturamos de los mismos y nuestro cerebro desconecta.

6. Los estímulos que generamos para recibir respuesta

Los ejemplos anteriores son estímulos que vienen hacia nosotros. Pero ¿qué pasa cuando somos nosotros quienes provocamos esos estímulos o simplemente pensamos en hacerlo? Por ejemplo, cuando damos un paseo y vemos un atardecer instagrameable, entramos en una casa de diseño que tiene un salón para Pinterest o vemos a alguien resbalar y caerse de forma graciosa y miramos alrededor para ver si alguien lo grabó para hacer algún meme.

Otro ejemplo representativo sucede en los conciertos. Es común ver miles de *smartphones* levantados sobre las cabezas del público, grabando constantemente. Sin embargo, cuando el concierto termina, no vemos miles de personas subiendo minutos y minutos de vídeos a la red. Algunos pueden compartir algo en sus historias, pero la mayoría de los vídeos permanecen almacenados en los teléfonos móviles sin siquiera ser revisados. Muchas veces, simplemente grabamos con la posibilidad de enviar o subir el contenido, pero luego no lo hacemos, o tal vez subimos una foto de las 200 que tomamos solo para obtener unos cuantos *likes*. En este proceso nos perdemos el concierto.

Luego están los contenidos que sí subimos, sobre todo para ver qué nos traen de vuelta. Recibimos por WhatsApp un meme que nos ha hecho reír, lo reenviamos a varios grupos y esperamos a ver qué responde la gente. Tomamos una foto, la editamos y la subimos a Instagram. Cada *like* o cada comentario es un pequeño chute de dopamina.

Medimos cuántas respuestas llegan en una hora, dos. Si el número y calidad de respuestas es mayor al que esperábamos, nos animamos a subir otra. Y si las reacciones no son tan buenas como esperábamos, también.

Igual que Netflix usa el *big data* para hacer series que nos enganchen más, los usuarios sabemos cuáles son los contenidos que nos reportan más beneficios. Alguna vez le pregunté a un amigo, ya entrado en años, por qué se hacía tantos *selfies*. «Parece que tienes quince años», le dije. «Es que las fotos en las que salgo yo tienen mucho más *likes* que las fotos de las cosas que me gustan, de lo que veo». Es nuestro *big little data* haciendo de editor de lo que subimos. Cuando veo una de estas cuentas de Instagram llenas de *selfies* me imagino qué tan enganchada está esa persona al constante micro estímulo del *like*.

Es decir, que no solo vivimos en un mundo con más estímulos de los que estamos preparados biológicamente para recibir, sino que también las herramientas a través de las que los recibimos están diseñadas para que nosotros mismos las alimentemos para que nos devuelvan nuestras dosis de dopamina. «Son bucles lúdicos que potencian los comportamientos impulsivos, hacen que nuestro cerebro libere dopamina y motiva a querer repetirlos constantemente. Ese es el gran problema, que deriva en lo que estamos viendo a diario: adicción a las redes y al móvil, fragmentación social y falta de entendimiento, lo que deriva en extremismo y odio, troleo, refuerzo de problemas de autoestima, conductas suicidas y un largo etcétera[11]».

7. No son las redes, es la dependencia a los servicios del dispositivo

Mientras escribía este libro y para evitar distracciones, hice el ejercicio de borrar todas las redes sociales de mi *smartphone*. Esto me hizo darme cuenta de varias cosas: en primer lugar, que podemos vivir perfectamente sin las redes sociales. En segundo lugar, y quizás aún más impactante, fue el hecho de que dependemos de muchos otros estímulos y funciones prácticas que se encuentran dentro de nuestro teléfono inteligente y que resultan mucho más difíciles de evitar. Me refiero a las aplicaciones «no sociales» que supuestamente están diseñadas para facilitarnos la vida, pero que igualmente generan esa constante necesidad.

Borré Instagram, Facebook, Twitter, TikTok y LinkedIn, que son las aplicaciones a las que más suelo recurrir, y dejé con vida WhatsApp. Reservé una habitación en una casa rural a la orilla del río Sil en Galicia y, minutos después, abrí WhatsApp por puro impulso, sin objetivo claro, ya que tengo las notificaciones apagadas hace tiempo. Para mi sorpresa encontré un mensaje del gerente del alojamiento con las instrucciones para llegar al mismo, los horarios de *check-in* y algunas recomendaciones útiles. Toda esta información práctica, no la habría recibido si hubiera eliminado WhatsApp.

Durante mis días de desconexión de redes sociales, hacía mis rutinas diarias de ejercicio con la aplicación de Adidas Training, como lo hago desde hace años; escuchaba un libro a través de Audible, algunos pódcast a través de Podimo y música por Spotify.

Una mañana, antes de ponerme a escribir, salí a dar un paseo ligero por un sendero de montaña. Pedí indicaciones al personal de la casa rural de cómo llegar a una ermita, y además me iba guiando con las flechas pintadas en las piedras. Después de un rato de andar, por supuesto, me perdí. Si no es por Google Maps probablemente seguiría ahí perdido en el monte.

Al volver a la casa, hice una sesión de meditación con la ayuda de Headspace, al final de la cual, la voz de la guía dijo: «Cada preocupación, pequeña o grande es una preocupación. Da igual que sea pequeña o grande. Nos afecta igual». En la economía de la atención, estas se multiplican, en buena parte porque nos creamos nuestras propias micro preocupaciones. Al final de dicha sesión de meditación, se agregaron 10 minutos a mi conteo de minutos meditados y sumé una racha de cuatro sesiones de meditación en 4 días.

La conclusión a la que llegué fue que, si bien las redes sociales son una gran fuente de atracción para recurrir a la pantalla del *smartphone*, sí existían muchas otras aplicaciones igual de bien diseñadas para generar esa recurrencia y esa sensación de que no podríamos estar haciendo todas estas cosas sin ellas, de tal forma que hacen muy difícil el desprendernos tanto del *smartphone* que las aloja, como de la conectividad que nos proporciona.

La solución es sencilla: apagar el móvil. Apagarlo de verdad, no solo cerrarlo, y dejarlo en un cajón (¿hace cuánto tiempo que no apagas tu teléfono?). Y ser conscientes en que tenemos que evitar esos detonadores que nos llevarán a sacarlo del cajón: «quiero poner algo de música, necesito Spotify»; «necesito ver qué tiempo hará mañana, necesito mirar la aplicación del tiempo», etc., son simplemente trampas al solitario, atajos mentales que nos inventamos para recibir nuevos estímulos.

El problema es que nuestro cerebro, ya habituado al *dopaminazo*, encuentra estas formas de pedir discretamente que le des su nueva dosis. Y cuanto más saturados estamos de información, más complicado resulta concentrarnos. Y entonces es más complicado despejar la mente para tener ideas frescas y también para recordar cosas. De ahí la importancia de ser conscientes de nuestro consumo de contenidos.

8. La adaptación de la atención a la sobrecarga de contenidos del mercado

La atención es un recurso natural, con el que contamos desde que nacemos y que podemos ir afinando y perfeccionando a medida que crecemos y maduramos. Es común que a un niño con déficit de atención e hiperactividad se le trate para mejorarlo. A los adultos con TDAH también, aunque la práctica sea menos común. La atención se puede mejorar a través, por ejemplo, de técnicas de meditación que permiten focalizarla. Pero, aunque no le prestemos atención a nuestra atención, ahí está, la tenemos, y hay que ser conscientes de nuestra atención como bien escaso que es.

> Tenemos que poner atención a nuestra atención para ser conscientes de ella, como bien escaso que es.

Donde fijemos nuestra atención determina el rumbo de nuestras vidas. Nos centramos en el libro que nos aclara nuestra vocación, ponemos la canción que remueve nuestras emociones (otra vez), atendemos al anuncio que determina dónde nos dejamos nuestros ahorros, o como dice Kevin Kelly, fundador de la revista *Wired*: «Lo curioso es que, habiendo dicho que una de las cosas más valiosas que tenemos como individuos es nuestra atención, la entregamos por muy poco» o pensando más a futuro, como decía el periodista y escritor canadiense Malcolm Gladwell sobre *Barrio Sésamo*: «si puedes mantener la atención de los niños, puedes educarlos».

Esto dicho a nivel personal es relevante, nos pone a pensar en nuestras vidas. En las de nuestros hijos. Pero si lo pensamos a nivel macro, el 75 % de los niños quieren ser *youtubers* de mayores[12], pero las universidades no tienen carrera de *youtuber*, *tiktoker* o cualquier canal o formato nuevo que surja. ¿Cómo vamos a convencer a los niños de ir a una universidad donde no les enseñan a hacer aquello de lo que quieren vivir y más aún cuando lo pueden aprender a hacer por su cuenta?

La serie de *Juego de Tronos* (*Game Of Thrones*) ha disparado los viajes a destinos como Irlanda, Dubrovnik o Sevilla, que han servido de localización en sus diferentes temporadas. Una serie ha servido colateralmente más que todas las campañas de publicidad que han hecho en estos sitios para atraer viajeros. ¿Por qué? porque la atención de la gente está en estas series globales y no en campañas de publicidad en las que nadie pone atención. No es solo el formato, sino también el valor que te aporta.

El Comité Olímpico Internacional, ha ido incorporando, a su ritmo, deportes o disciplinas contemporáneas como el surf, el skate o la escalada para atraer la atención de la gente más joven que no conecta con la esgrima o el lanzamiento de peso, y que están alejándose cada vez más del universo olímpico.

La economía de la atención es un factor cada vez más determinante en cuestiones mucho más trascendentales que el ocio o el entretenimiento: las campañas electorales se deciden por las técnicas de captación de atención aplicadas a candidatos carismáticos más que la traslación de idearios o programas de gobierno. ¿Por qué un Trump pudo ganar unas elecciones? en muy buena parte la difusión de su imagen se dio por el reenvió de memes por parte de la gente que lo menospreciaba, interacciones muy relevantes para las redes sociales.

Quien no capta la atención, no existe.

Temas como la educación, la salud, el medioambiente, la agenda política y económica, están estrechamente ligados a la economía de la atención. A final de cuentas, quien no capta la atención, no existe.

9. La atención y la salud mental

Como ya hemos visto, la capacidad de atención de los seres humanos ha disminuido de una media de 12 segundos que teníamos en el año 2000, a solo 8 segundos en la actualidad. Esto quiere decir que en 20 años nuestra capacidad de atención se ha reducido casi un 30 %.

El número de personas con problemas de ansiedad a nivel mundial aumentó un 50 % entre 1990 y 2013, en un período de poco más de 20 años. Se calcula que hoy en día más del 10 % de la población mundial padece de depresión.

Si relacionamos estos datos con la cultura del *check-in*, que surgió en los años noventa, cuando comenzamos a revisar constantemente nuestros correos electrónicos y luego se sumaron las redes sociales, podemos plantear la hipótesis de que existe una correlación entre el aumento en el consumo de contenidos y esta cultura del *check-in* con la disminución de nuestra atención o de nuestro *span* de atención y el aumento de enfermedades mentales como la ansiedad, la depresión.

José Antonio Tamayo explica que «aunque haya esa correlación, quizá pueda ser una sobresimplificación el relacionarlas causalmente, ya que puede haber más variables seguramente. Las psicopatologías son más complejas y se refieren a algo más estructural, que tienen que ver con cambios en la sociedad, en el consumo y todo el avance que se ha producido en la mejora de las condiciones de vida, sobre todo en los países occidentales. Todo ello ha redundado de alguna manera en un estilo de vida más hedonista en el que se nos está prometiendo que todo el malestar es evitable y que por lo tanto no podemos tener ansiedad, no podemos aburrirnos, no podemos entristecernos, porque si lo hacemos estamos teniendo un problema que es una patología para la cual tiene que haber una solución que puede ser un medicamento o que puedes ir al psicólogo».

En 2004, Morgan Spurlock protagonizó el documental *Super Size Me*, en el que se autoimpuso el reto de alimentarse únicamente en McDonald's durante 30 días para ver cómo respondía su organismo. Como se podía esperar, no solamente aumentó considerablemente su peso, también empezó a tener problemas cardiovasculares. Cumplió el mes y probó su punto: la comida de los restaurantes de comida rápida no es buena para la salud.

La nutrición es un tema muy relevante. Los nutricionistas no solo asesoran a atletas de alto nivel, sino a gente como tú o como yo. ¿Qué es más saludable, comer una ensalada o una bolsa de golosinas? ¿Sabes qué le puede pasar a tu organismo si te alimentas a base de alimentos procesados? ¿O de grasas saturadas y refrescos?

Aunque no acudamos a la consulta de un experto en nutrición, vemos una serie como *Mad Men*, ubicada temporalmente hace no más de cinco décadas y nos sorprende cómo la gente come, bebe y fuma todo el tiempo. Si, hemos mejorado mucho. Hemos cobrado conciencia de nuestra alimentación, de que lo que le metemos a nuestro aparato digestivo repercute en nuestra salud. ¿Y con los contenidos? ¿Cuándo vamos a tomar conciencia de que nuestro consumo, lo que vemos y escuchamos, puede repercutir en nuestra salud mental?

Hay datos que revelan el uso constante de redes sociales puede tener un impacto negativo en nuestra percepción de nosotros mismos y en nuestra salud mental. En estas plataformas, estamos expuestos de forma continua a las vidas idealizadas de personas cercanas, celebridades e *influencers*, donde todo el mundo es guapísimo, viste bien y vive experiencias únicas. Y en las que, por ende, nosotros mismos debemos proyectar una imagen igual de atractiva, bien vestida y muy divertida, para estar a la altura de las circunstancias, es normal que afecte a personas que no tengan claro el que lo que muestran dichas redes pocas veces corresponde a la realidad[13].

Redes sociales aparte, simplemente la forma de consumo implica un hábito que puede afectar nuestra salud, como explica Elena Neira: «varios estudios constatan que, cuando vemos series de manera compulsiva, nuestro cerebro genera grandes cantidades de dopamina e induce una suerte de colocón similar al que provocan las drogas [...] En casos extremos podría hablarse de adicción[14]».

El entender cómo funciona nuestra mente y cuál es nuestro papel dentro de la economía de la atención es importante para poder gestionarnos a nosotros mismos, porque el cómo lo hagamos es crucial para poder tener una mejor salud mental, no solo para hoy, sino para lo que vendrá.

10. El valor de la atención en diferentes culturas

La atención, esa cosa tan natural y al mismo tiempo tan complicada de explicar y comprender tiene un valor, como todo buen recurso. Es interesante ver las diferencias conceptuales dependiendo de cada idioma o cultura:

- En español la atención se presta.
- En inglés se paga.
- En francés se hace.
- En alemán se regala.
- En polaco se devuelve.
- En finlandés se adjunta.
- En catalán se para.
- En vasco se coge.
- En hebreo se pone el corazón.
- En holandés se gasta.
- En portugués se da.
- En ruso vuelve[15].

Independientemente de qué hagamos con ella, nuestra atención tiene un valor creciente, ya que mientras esta es cada vez más limitada, cada segundo que pasa aumentan la cantidad de contenidos que producimos personas, empresas, instituciones, y todos queremos obtener lo mismo, un poco de atención.

De los contenidos, la información y la abundancia es de lo que toca hablar ahora.

3. Los contenidos y la abundancia

1. ¿Qué es el contenido?

Tal vez la forma más sencilla de definirlo o entenderlo, sea aislarlo, poniéndolo en contrapunto con el contenedor. Si tenemos claro cuál es el contenedor, podemos definir cuál es el contenido. Por ejemplo, si el contenedor es un libro con sus portadas y sus páginas, el contenido son estas palabras que viven dentro de sus márgenes. Si alguien nos dice «voy a ver una película» sabemos que se trata de una historia con planteamiento, nudo y desenlace y que dura entre una hora y media o dos horas. De igual forma sabemos que un programa de entrevistas o un partido de fútbol también son contenidos.

Según la segunda acepción de la definición de «contenido» en el *Diccionario de la lengua española* (DLE) el contenido es una «cosa que se contiene dentro de otra». Entonces, echo un breve vistazo a mi alrededor y observo algunos de los contenidos que tengo a mi alcance: en la mesilla del hotel hay un letrero que contiene seis líneas de texto, un isotipo en el que hay un cigarrillo encendido y un signo de prohibido, que me recuerda que está prohibido fumar en esta habitación. A su lado está la carta del servicio de habitaciones del hotel que contiene la lista de platos que puedo pedir a mi habitación y mi libreta Moleskine donde apunto las tareas que tengo que realizar en el día a día.

Junto a ella está mi *smartphone*, en su pantalla negra, inerte, no aparecen notificaciones porque las he deshabilitado todas, pero sé que ahí, se están apelotonando emails de trabajo, alertas de WhatsApp, actualizaciones de redes sociales, etc.

Al lado de mi teléfono móvil hay unos auriculares que me recuerdan que en cualquier momento puedo conectarlos y reengancharme al pódcast que estaba escuchando esta mañana. Sobre la mesa está mi portátil abierto, donde después de buscar la definición de contenido en la web de la RAE me han lanzado diferentes noticias referentes a la actualidad de la academia de la lengua como por ejemplo un discurso de Mario Vargas Llosa sobre Benito Pérez Galdós.

En la misma pantalla, y en la misma ventana de mi navegador, tengo unas siete u ocho pestañas abiertas con otros contenidos de sitios web a los que puedo acceder si hiciera clic sobre ellas. Al lado de mi ordenador tengo el libro *Atención radical* de Julia Bell, que me ha servido de gran inspiración para la escritura de este libro.

Todos estos y muchos más contenidos están al alcance de mi mano en este momento, sin necesidad de moverme de mi escritorio. Aunque sea difícil definirlos técnicamente, entendemos que estamos rodeados de contenidos. Su definición, que al principio parece muy sencilla, se va complicando a medida que los contenidos se vuelven líquidos, especialmente en el mundo digital, donde un mismo soporte o plataforma puede albergar diferentes formatos de contenido, y crear un sinfín de laberintos para llegar a otros contenedores sin despegar los ojos de la pantalla. Por ejemplo, un hilo de Twitter puede contener texto, foto, audios, pero también enlaces a otras plataformas donde hay otros contenidos de naturalezas como artículos, vídeos y otros tuits.

2. Los contenidos ya no están contenidos

Los contenidos que antes solían tener formatos más rígidos, creados y producidos en el contexto de los medios masivos de difusión, cuya forma estaba determinada, por ejemplo, por las parrillas de programación de la televisión o radio, o los soportes físicos como el papel, que determina la longitud que puede tener un artículo o un reportaje, y que a su vez definían los propios formatos comercializables (*spots*, planas, cuñas de radio...) han volado en mil pedazos.

A lo largo de mi carrera, he tenido la oportunidad de experimentar este licuado de los contenidos en dos velocidades: haciéndolos y analizándolos.

Trabajar en la producción de contenidos digitales implica estar abiertos a las nuevas pantallas, aplicaciones y usos que se les dan. Personalmente he tenido que enfrentarme a cosas que en su momento consideraba abominables, como, por ejemplo, Snapchat, una plataforma que combina vídeos en formato vertical, que me resultaba completamente horroroso y cuyo contenido es efímero, desapareciendo después de 24 horas de ser publicado, funcionalidad que no he logrado comprender en absoluto como como defensor de la *long tail*.

Resistirse a estos cambios no sirve de nada. Lo que cuenta es aprender a utilizar las plataformas, entender los formatos y adaptarse en la medida de lo posible. Así que me di a la tarea de utilizar Snapchat, al igual que hice en su momento con Vine y Clubhouse, que irrumpieron y se diluyeron rápidamente, así como Instagram y TikTok, que se consolidaron como plataformas nuevas. El objetivo era entenderlas y aprovechar al máximo sus posibilidades.

En el marco de la economía de la atención, los contenidos son todas aquellas cosas que llaman nuestra atención y en las que podemos fijarla.

3. Los contenidos son todo en lo que ponemos la atención

En el marco de la economía de la atención, los contenidos son todas aquellas cosas que llaman nuestra atención y en las que podemos fijarla. Estamos hablando de contenidos analógicos y digitales que forman parte de nuestra vida diaria, desde un discurso en un auditorio, una clase, una cata de vinos, hasta eventos o contenidos bajo demanda que puedan ser consumidos por millones de personas. Estamos rodeados de contenidos, todo el día.

Además de la cotidianeidad, el contenido también es parte vertebral de nuestra cultura. Y casi cada contenido es una oportunidad para crear otros contenidos derivados, como la edición del *Quijote* que se lee en directo en el Día del Libro y que se emite a través de la radio o el discurso incendiario de un mitin político que aparece en todas las ediciones del Telediario y que genera un aluvión de memes que te llegan a través de grupos de WhatsApp.

También hay contenidos muy relacionados con la tecnología que hace unos pocos años jamás habríamos pensado que acapararían tanta atención. A muchos les resultan ajenos o extraños, cuando en realidad los raros somos los que no los conocemos. Por ejemplo, una partida de Fortnite que se puede compartir con personas desde sus propias casas a través de *streaming* puede generar cifras importantes de audiencia si los jugadores son lo suficientemente famosos. Esto ocurre en casos como el de Ibai LLanos, que organiza partidas con sus amigos *streamers* o jugadores de fútbol y los reúne en su canal de Twitch, o en eventos a gran escala, como cuando medio millón de espectadores se conectan para ver una partida de League of Legends[1]. La magnitud del fenómeno del *streamer* español es tal que en julio de 2023 batió el récord de usuarios simultáneos en una retransmisión de la plataforma Twitch superando los 3.4 millones de espectadores con *La Velada del Año 3*, un evento anual en el que *youtubers* y otros artistas y creadores de contenido se enfrentan en combates de boxeo aficionados que se intercalan con actuaciones de músicos de primer nivel.

También hay contenidos parecen perder relevancia debido a su repetición, sin embargo, ahí están, ocupando espacio en nuestras vidas. Por ejemplo, un niño pequeño puede despertarse y pedir ver el videoclip de *La vaca Lola* en el canal de YouTube El Reino Infantil, que ha acumulado 1777 millones de visualizaciones desde que se publicó hace casi diez años, con una duración de 2 minutos y 24 segundos.

En 2017 la humanidad se hartó —literalmente— de escuchar el tema *Despacito*. El videoclip de la canción de Luis Fonsi, de 4:41 minutos de duración, cuenta con 8212 millones de visualizaciones, es decir, casi una visualización por habitante del planeta, 38 447 millones de minutos, 640 millones de horas, 26 millones de días y 73 años aproximadamente con la atención puesta en este *single*.

En los últimos años, especialmente a partir del 2020, hemos interiorizado nuevos tipos de contenido como clases de yoga o de cocina transmitidas en vivo o adaptadas a Instagram Stories, clases de baile en salones o desafíos de baile que se vuelven virales en TikTok. También los cursos en línea ya sean en directo o grabados, compiten por nuestra atención. Pero también son contenidos los que generamos nosotros mismos, desde las fotos que subes de un plato vistoso antes de hincarle el diente, las notas de voz que envías para comentar un chisme en un grupo de WhatsApp, hasta las nuevas fotos y bio que has actualizado en tu perfil de Tinder. Todo eso es contenido.

Y en un contexto más íntimo, por supuesto que también lo es el porno, que en todas sus versiones y plataformas seguramente suman muchas más horas que todos los contenidos anteriormente mencionados. Según Julia Bell en *Atención radical*: «si reprodujéramos todos los vídeos de Pornhub se traducirían en 6976 años de material. Casi siete milenios de gente teniendo sexo».

En resumen, los contenidos, en su sentido más amplio, son todo aquello que compite por llamar y captar nuestra atención, y estamos completamente rodeados de ellos.

4. La era de la información. La escalada de generación de contenidos a partir de la digitalización

Hace miles de años las historias nacían alrededor del fuego: alguien se acercaba a la fogata y contaba que su familia tenía hambre. Alguien proponía ir a cazar un mamut, y la gente de la tribu se planteaba el cómo hacerlo sin cometer los errores de la anterior cacería. Se urdía un plan. A la vuelta de la caza, alrededor del fuego se relataban las anécdotas de cómo había ido la cacería y se proponían recetas de cómo comer al mamut y cómo aprovechar sus pieles y huesos. Sin duda también había chismes de patio de vecindad, que si Fulanito se escaqueó de la cacería, que si Zutanito en realidad no da una con la lanza... Con el paso del tiempo todas estas historias se convirtieron en leyendas.

Con el tiempo las hogueras se multiplicaron. Y gracias a la escritura fue posible la conservación de las historias al tiempo que su difusión se concentraba en las personas que sabían leer y escribir.

Con la primera Biblia manufacturada con la imprenta de Gutenberg en 1455, se multiplicaron las posibilidades de difusión de las historias, al elevarse inmediatamente el número de copias posibles de cualquier libro. Esto, en cierta forma, también potenció la centralización de la producción de los contenidos: aquellas personas o instituciones capaces de costearse una imprenta eran quienes controlaban la difusión del conocimiento.

En este momento, si bien la gente se vio beneficiada al tener mayor posibilidad para acceder a contenidos, estos tenían orígenes más concentrados, más verticales. Unos pocos productores y una base creciente de lectores, y con una clara diferenciación entre los contenidos cultos para las clases altas e historias y productos más llanos para las clases bajas.

5. Las Revoluciones Industriales

Del periódico a la televisión

La Primera Revolución Industrial se gestó a partir de la irrupción de la máquina de vapor en Gran Bretaña a mediados del siglo XVIII, y fue un punto de inflexión en la historia de la humanidad por sus consecuencias sociales, económicas e incluso (aunque entonces no les importase mucho) ambientales. Esto también afectó a la información pues comenzaron a producir periódicos en imprentas propulsadas por vapor.

La Segunda Revolución Industrial llegó un siglo después, y se caracterizó por la integración de nuevas formas de producción masiva a partir de nuevos materiales y energías como el acero, el petróleo y la electricidad. Esto se materializó en bombillas y motores de combustión interna, y en el campo de la comunicación representó hitos como el teléfono y la radio.

La que podría considerarse tercera revolución industrial llegó a mediados del siglo XX y estaría marcada por el desarrollo de las tecnologías de la información, que dieron paso a la llamada sociedad de la información, gracias a la popularización de los medios masivos de comunicación, liderados por la televisión y consolidado con el nacimiento y difusión de internet.

Durante las primeras dos revoluciones industriales, varios medios de comunicación crecieron y se consolidaron. Medios como la prensa, la radio y la televisión; la centralización de la generación de los contenidos se acentuó aún más. En medio del paradigma *broadcast*, los medios se convirtieron en masivos, empresas robustas, con audiencias de millones y un público centrado en las mayorías, al mismo tiempo que la producción de los contenidos —limitada a esas grandes empresas, ya que requería medios técnicos impensables para pequeñas empresas o particulares— se haría aún más centralizada. En el siglo XX comprar una cámara de vídeo con calidad suficiente para emitir en televisión, lo podía hacer solo una productora de televisión o un medio de comunicación. Hoy en día, cualquier adolescente lleva una cámara con mejor calidad en el bolsillo.

Durante esa tercera revolución, la mayor parte del siglo XX, se desarrolló dentro de este paradigma de medios masivos de comunicación que llevaban a grandes números de población. Primero a nivel local, ya sea en ciudades o regiones. Y después a un nivel mucho más amplio con medios que podían abarcar países enteros: periódicos con tiradas nacionales, estaciones de radio que se escuchaban a lo largo y a lo ancho de países enteros, al igual que las incipientes emisoras de televisión.

Este aspecto masivo de los medios hacía que la batalla de la atención fuese relativamente sencilla, ya que, si se emitía algo en un medio de alcance nacional, acaparaban grandes cantidades de atención. Lo que se traducía en la difusión y en la diseminación rápida y amplia de mensajes, de todo tipo, desde temas ideológicos, políticos, comerciales, o múltiples saltos a la fama de artistas y personas.

La sociedad de la información. El paradigma *broadcast*

Primero fue la prensa, luego la radio, el cine y la televisión. La historia de estos medios como industrias de la captación de la atención masiva para su posterior comercialización con las marcas comerciales, se detalla en el libro de *The Attention Merchants*, de Tim Wu. El libro, cuenta la historia de estos gigantes empresariales y cómo competían entre sí para obtener nuestra atención, llegando a acaparar cuotas inigualables de la misma.

La cima del llamado *peak attention* (la cúspide de la atención) se dio el domingo 9 de septiembre de 1956, cuando Elvis Presley se presentó por primera vez en directo en la televisión de Estados Unidos, en el *show* de Ed Sullivan. Obtuvo una cuota del 82.6 % de *share* de audiencia. Dicho porcentaje no ha sido nunca igualado en una muestra significativa[2]. El paradigma de los *mass media* de la comunicación se empezó a cuestionar con la llegada de internet y la propagación de plataformas de autopublicación (blogs, pódcast, etc.), redes sociales y la consiguiente fragmentación de las audiencias masivas que, si bien, persisten hasta nuestros días, no volverán a conseguir las cuotas de audiencia consolidadas por los grandes emporios de comunicación del siglo XX.

La televisión por cable y la fragmentación de las audiencias

Desde la cúspide alcanzada en el *peak attention*, las audiencias se fueron fragmentando poco a poco. De la cobertura, casi total, que daban los grandes medios y emisoras de alcance nacional, la llegada de la televisión por cable representó un cambio en el enfoque de los medios y en el consumo de estos: los canales temáticos. Ya no era necesario pensar grandes programas que atrajeran la atención de las audiencias masivas, sino en programas más específicos que gustaran a personas que ya tenían la atención puesta en un canal con una oferta de contenidos ceñidos a un tema.

Los estandartes de este cambio fueron canales como MTV y ESPN, canales fundados al inicio de la década de los ochenta del siglo XX. MTV, Music televisión, es una cadena especializada en la emisión de videoclips musicales, conciertos, *realities*, así como documentales y noticieros musicales. Por otra parte, ESPN es un canal especializado en la emisión de competiciones deportivas en Estados Unidos. Ambos medios marcaron una tendencia hacia esta fragmentación.

Se descubrió y empezó a valorar, a las audiencias minoritarias o no masivas —llamadas de nicho— pero que tenían un vínculo mayor con el contenido fragmentado y eran más fieles. O, dicho de otra forma, una mejor concentración de atención. Lo que significó un gran cambio en la conceptualización de contenidos.

Del internet al que accedemos al internet que habitamos

La popularización de internet, a mediados de la década de los noventa, representó una mayor fragmentación de las audiencias. El primer gran cambio fue el de la generación de la cultura del *check-in,* o la acción de conectarse para revisar si existía una información nueva, propulsada en un inicio por el correo electrónico[3].

«Voy a revisar mi correo electrónico» pasó de ser una modernez que podíamos hacer una o dos veces al día, a ser, pocos años después, una obligación laboral. Las vacaciones se anuncian con el mensaje automático de «fuera de la oficina» que más que un aviso es casi una disculpa pública de que no vamos a mirar el email por unos días.

El contenido que demandamos

Del *check-in* pasamos a lo que llamábamos en un inicio «navegar por internet» que si lo pensamos era un símil muy pintoresco, cada uno, en su pequeño velero, navegando por la inmensidad del océano de la información. En estas aguas, los buscadores (porque había muchos, Altavista, Yahoo!... y el de nuestro propio proveedor de servicios de internet) nos llevaban a sitios inimaginables, prácticamente a donde quisiéramos llegar. El consumo empezó a ser bajo demanda (*on demand*) y, poco a poco, empezaron a surgir herramientas para que personas sin demasiados conocimientos técnicos de informática pudiesen diseñar sus propias páginas de internet, como se les llamaba en un inicio.

Ya no era necesario formar parte de un grupo mediático para tener un portal o un sitio web en el que captar la atención de un grupo de personas, sin la necesidad de un intermediario que captase esa atención para luego revenderla. Esta cuestión atrajo, desde los inicios, a los medios y, por supuesto, a las marcas, que siempre están en busca de grandes captadores de audiencia para poder alquilarla o comprarla en forma de espacios publicitarios.

Lo relevante del servicio bajo demanda es el empoderamiento de los usuarios que por iniciativa propia pueden buscar y acceder a un contenido en el momento en el que lo deseen. La información sucede todo el tiempo y aprendimos que podíamos conectarnos e ir a beber de ella cuando quisiéramos. Antes esperábamos a ver «qué echaban» por la tele, a ver qué película se programaba en cartelera o qué libro encontrábamos en la librería. A partir de ese momento adquirimos una primigenia noción de que podíamos elegir determinadas cosas. Aunque el vídeo online todavía no era una realidad.

La web 2.0. La red participativa

A la proliferación de los micromedios en internet se unió, a principios del siglo XXI, uno de los cambios de enfoque más significativos en los medios de comunicación: la web participativa o mejor conocida como la web 2.0.

Primero fueron los blogs, plataformas en las que cualquier persona podía abrirse una cuenta e iniciar la publicación de *posts* individuales sin necesidad de un profesional de la escritura o la edición. Estas plataformas que en un inicio tenían un carácter personal, fueron adaptadas por profesionales de diferentes disciplinas, periodistas de todos los enfoques, especialistas en tecnología, investigadores, empresarios, etc., que empezaron a destacar y a atraer la atención de nuevas audiencias.

Los blogs tenían otra funcionalidad clave: la sección de comentarios. Esto significaba que cada entrada que se publicaba podía ser comentada por sus lectores. Esta funcionalidad se popularizó a gran velocidad. En relativamente poco tiempo, muchos medios de comunicación masivos se vieron obligados a abrir en sus medios web, secciones de comentarios abiertas al público registrado. Esto derivó en la contraprestación de que la noticia publicada adquiría un doble atractivo para la atención del público, la noticia en sí y los comentarios que se vertían sobre la misma.

Detrás de los blogs (medio escrito) vinieron los pódcast (medio de escucha) —allá por el año de 2004, como comentaré más adelante— y después llegaron los videoblogs (medio audiovisual).

Las plataformas para compartir vídeo empezaron a proliferar y en 2005 nació YouTube con el primer eslogan «Emítelo tú mismo» (*Broadcast Yourself*), entre temerario y visionario, en un momento en el que sus audiencias y su penetración era muy escasa comparado con las cuotas que tiene hoy en día.

6. Todo pasa por nuestros *smartphones*. El paradigma bajo demanda

El 9 de enero de 2007 Steve Jobs presentó el primer iPhone con estas palabras: «Hoy presentamos tres productos revolucionarios:

el primero es un iPod de pantalla ancha con controles táctiles, el segundo es un revolucionario teléfono móvil y el tercero es un innovador dispositivo de comunicaciones por internet con correo electrónico de escritorio, navegación web, mapas y búsquedas, en un dispositivo de mano pequeño y liviano[4]». Tres productos en uno. Esto que, hoy en día, nos parece algo común y corriente, en ese momento cambió el mundo de la comunicación, la sociedad y la economía. Y nuestras vidas en el plano más personal.

Si antes de su llegada ya hacíamos *zapping* desde nuestro sofá. El *smartphone* nos convirtió en selectores compulsivos de contenido multiplataforma, así como en productores y distribuidores de contenidos, también compulsivos. Dotados de teclados, micrófono, cámara de fotos y de vídeo podemos y generamos contenidos de todo tipo todo el tiempo.

A través de una plataforma como WhatsApp, redactamos mensajes de texto, enviamos fotos, videos y notas de voz. En redes sociales posteamos *stories* efímeras y fotografías «para la posteridad». Cada vez es más raro recibir una llamada de felicitación de cumpleaños y, sin embargo, recibimos cientos de mensajes de texto, foto, audio y video de contactos que han sido previamente notificados por la red social de turno de que es nuestro cumpleaños.

Imaginemos que, con la compra de un libro, se incluyera una pequeña imprenta y te pudieras imprimir nuevos libros y un caballo para distribuir los libros que imprimieras en ella, y que todo esto cupiera en tu bolsillo. En su momento no nos dimos cuenta y tal vez todavía no nos hayamos percatado de lo trascendental que ha sido la llegada de estos aparatos.

Nuestra atención entonces se centró en estos pequeños dispositivos, que situamos junto a nuestras camas mientras dormimos, ese lugar privilegiado desde el que se han convertido en nuestro primer contacto con el mundo al despertarnos y el último antes dormirnos.

Los usamos para trabajar, quedar con nuestros amigos, buscar pareja, compartimos las fotos de nuestros hijos y comunicamos las muertes de nuestros seres queridos. Nos pronunciamos por nuestras causas políticas, religiosas y sociales. Buscamos información práctica de cómo arreglar una silla, cómo hacer una ensalada y cómo presentar la declaración de la renta. Y también los usamos para pasar el rato viendo a algún *youtuber*, sumergiéndonos en el agujero negro que es TikTok o jugando a algún videojuego.

De la misma forma, gracias a esta capacidad de publicar contenidos al mismo tiempo que los consumimos, nos ha trasladado de la posición del espectador pasivo a la del consumidor activo. Nos llaman *prosumers*. Asumamos que somos productores y consumidores.

Por una parte, podemos redifundir —o *repostear* si me lo permites—, remezclar, parodiar a partir de cualquier cosa que hayamos consumido, ya sea algo que nos apasiona y queremos subrayar o encumbrar, o algo que genere rechazo y que queramos criticar de forma pública.

De acuerdo con Henry Jenkins, en su libro *Participatory Culture*, sí para los no-nativos digitales, el concepto de internet se suele traducir en una gran puerta de acceso a la información, para quienes han nacido en un mundo ya digitalizado —los nativos digitales— internet representa un espacio de comunicación y de difusión de sus opiniones, gustos y creaciones. En palabras del propio Jenkins: «la cultura participativa se basa no en que todos los miembros de un determinado grupo deban participar, sino que todos deben sentirse libres de contribuir cuando estén listos para hacerlo y que la contribución que hagan será valorada adecuadamente[5]».

Lo bueno y lo malo, lo interesante y lo banal, lo relevante y lo intrascendente. Toda nuestra atención está ahí. Toda nuestra vida pasa por nuestros *smartphones*.

7. Lo digital y lo biológico se difuminan

En este punto volvamos a las revoluciones industriales. En 2016, Klaus Schwab, fundador del foro de Davós, anunció que entrábamos en esta nueva era, esta nueva revolución que sigue la estela digital de la tercera, pero que se diferencia de la misma por basarse en la relación, cada vez más intrínseca, entre lo humano y lo tecnológico, entre lo biológico y lo digital. Líneas que se van difuminando cada vez más.

Abres el móvil porque reconoce tu cara y abres una aplicación que te dice cuántos pasos has dado. Tu *smartwatch*, además, mide las pulsaciones por minuto y tu consumo de calorías. Dices Alexa o

Siri y tu asistente de voz te reconoce y te responde a lo que le preguntes. Si estas cosas te resultan familiares, estás con los dos pies dentro de la cuarta revolución industrial.

Elementos como la inteligencia artificial, propulsada por la creciente capacidad de extracción e interpretación de datos, y el internet de las cosas son característicos de esta etapa que, por otra parte, está potenciando y aumentando la desigualdad: los ricos están enriqueciéndose cada vez más y más rápido y los pobres están cada vez más hundidos y con más dificultades de salir del agujero.

Tema importante: a medida que la tecnología avance, las máquinas irán reemplazando a las personas en sus puestos de trabajo, por lo que es vital el enfoque de la educación y el cómo y hacia dónde enfocar las carreras profesionales de las nuevas generaciones en este contexto.

Si nuestras vidas pasan por nuestros dispositivos, ahí es donde la oferta se amplía y la atención se divide y subdivide sin parar.

8. FOMO o el contenido que (no) nos perdemos

Los canales de comunicación se multiplican a diario como setas y la fragmentación que ya vivíamos se atomiza aún más. A las nuevas plataformas profesionalizadas se les suman nuevos usuarios *amateurs* o semiprofesionales que van acumulando audiencias.

Además de las plataformas OTT, los pódcast, periódicos digitales, blogs especializados y demás medios digitales profesionales que libran sus propias batallas por nuestra atención, también encontramos micromedios como blogs, *influencers* de redes sociales, *youtubers*, *streamers*, *tiktokers*, etc., que han terminado convirtiéndose en el reclamo de las plataformas y productores de contenidos profesionales que valoran más a un actor con un millón de seguidores, aunque su talento sea limitado, que a un actor que tenga un premio Óscar, pero no tenga presencia en redes sociales

Aglutinar la atención alrededor de un contenido es cada vez más complicado. La audiencia se ha fragmentado por completo y cualquier elemento que asegure la atención de un grupo de personas vale oro.

Años después, el paradigma *on demand* se ha vuelto en cierta forma en nuestra contra, ya que el estar constantemente estimulados por distintas vorágines de contenidos, nos genera una sensación de insuficiencia de esta información que, a medida que aumenta de ritmo, pierde su sentido.

Hace unos años, al regresar de un viaje y desconectar de la actualidad, solíamos notar que, aunque se hubieran publicado muchas noticias, en realidad no había pasado nada relevante. Ahora, esta sensación ocurre en cuestión de horas, e incluso minutos. Antes debíamos estar al día de lo que pasaba, ahora parece que hay que estar al tanto al instante.

Este impulso constante de estar conectados, revisando el correo electrónico en busca de algo relevante que rara vez encontramos, o navegando por nuestras redes sociales como Facebook, Twitter, Instagram, TikTok, *reels* y demás, no se trata tanto de descubrir algo nuevo como de asegurarnos de no habernos perdido algo. Esto se conoce como el «miedo a perderse algo» o FOMO (*Fear Of Missing Out*).

Hemos integrado el FOMO no solo como un hábito propio, sino como una falsa necesidad autoinducida de exigencia social. Si no has visto *Juego de tronos* hasta el final, estás fuera de muchas conversaciones, tanto analógicas como digitales. No se puede hablar contigo.

9. La travesía de la atención analógica a la digital

En las poco más de dos décadas que llevamos intentando aprender a hacer comunicación digital, la mayoría de los esfuerzos de quienes crecimos y nos formamos en el mundo analógico se han centrado en trasladar el modelo *broadcast* al entorno digital. Sin reflexionar en que esto requiere mucho más que una migración de soportes: la digitalización de los contenidos tradicionales implica un cambio de perspectiva.

En el mundo digital el consumo es bajo demanda: las personas eligen qué, cuándo y dónde consumir (con permiso de los algoritmos, de los que ya hablaremos). Por esto, comunicar en estos medios requiere un enfoque totalmente distinto: bajo demanda (*on demand*) se basa en que el contenido debe ser un reclamo del usuario que acude a este buscándolo, o basándose en las recomendaciones de sus fuentes. Se sustenta en un enfoque de atracción (*pull*).

Los intentos de trasladar el modelo broadcast al entorno digital se han realizado en los planos estratégicos, creativos, y técnicos. Sin embargo, muchos profesionales se resisten a aceptar que las fórmulas de éxito probadas en el mundo *broadcast* no se puede captar la misma atención que en el mundo *on demand*. La máxima atención —*peak attention* que conseguía Elvis Presley— no volverá, por más que mucha gente se obstine.

Las cuotas de pantalla se seguirán diluyendo semana tras semana. Las campañas publicitarias que lograban que países enteros canturrearan *jingles* —temas musicales generalmente breves con fines publicitarios— a golpe de GRP[6] no volverán. Por lo tanto, la evolución hasta hace relativamente poco se había centrado en pasar de unidades de medida analógicas como los puntos por pulgada (PPP)[7] o a medidas digitales como los píxeles[8]; de tener pequeños *banners* estroboscópicos a *banners* de pantalla completa con una X escurridiza que debemos perseguir por toda la pantalla para cerrar un anuncio que no queremos ver.

En poco tiempo hemos aprendido a distinguir el *clickbait*[9], aunque no necesariamente a lidiar con la tentación de caer en su trampa, y nos hemos inmunizado, al igual que hace años nos hicimos inmunes a los banners.

Los bloqueadores de publicidad (*Ad Blockers)* terminaron por señalar el rey desnudo: quienes estamos buscando o consumiendo un contenido no queremos ver anuncios. En general solemos evitar la publicidad: cambiamos de canal durante una pausa publicitaria o pagamos plataformas *freemium* para evitarlos. Por lo tanto, instalamos extensiones o *plugins* que hacen que el navegador bloquee la publicidad que acompaña a los contenidos que queremos ver y prácticamente todos aquellos que conocen su existencia los instalan.

Los *ad blockers* no solo nos posibilitan el poder cerrar *banners* o anuncios incomodísimos con unas equis cada vez más difíciles de encontrar —y de clicar— para que en esos segundos que tardamos en cerrarlos computen en algún informe de campaña en el que alguien festejará que la ratio de retención de la campaña fue altísima, también nos ahorran, como usuarios, el pagar por esos datos que se necesitan para descargar los anuncios no solicitados.

Apenas supe de su existencia, instalé Ad-Block Plus en mi Chrome (amigos que trabajan para diarios o plataformas online pueden trolearme libremente). Lo más impresionante es que dos días después de instalarlo me di cuenta de que había olvidado que tenía un bloqueador, y mi navegación era como hace semanas. Esto confirmó una teoría que venía fraguando hace años: hacía tiempo que padecía «ceguera de banners», aunque estuvieran ahí, estorbando, yo no veía los anuncios. Esto significa que, aunque sus imágenes entraran por mis pupilas, no las registraba, no ocupaban memoria, no se plasmaban en mi retina. Solo veía los anuncios que me estorbaban realmente, aquellos en los que solo quería identificar la X para cerrarlos y seguir leyendo lo que quiero.

10. Los *echochambers* o el túnel en el que vivimos

Los usuarios de las plataformas *on demand* somos cada vez más selectos con los contenidos que consumimos: seguimos a amigos, personalidades y medios afines a nuestra forma de pensar, a nuestra ideología y gusto. De esta forma generamos entornos de confort y redes endogámicas en las que se rechaza y hasta ridiculiza cualquier mensaje o intento de intrusión externos a los mismos[10].

Como vivimos en estos entornos autoconstruidos a partir de nuestras propias afinidades, nos resultan cada vez más extrañas las visiones divergentes: ¿cómo puede ser que haya ganado las elecciones ese candidato que en mi entorno nadie soporta? ¿Cómo puede ser que esté tan de moda el reguetón si no lo escucho por ninguna parte? ¿Quién es ese *influencer* que llena estadios y que nadie de mis amigos sigue o siquiera conoce?

Estos mundos hechos a medida en los que nos estamos sumergiendo son cada vez más envolventes. Si nuestra atención se centra en una pantalla que cabe en la palma de nuestra mano, es solo cuestión de tiempo que las empresas de tecnología den con un (un dispositivo tan eficaz que se establezca como genérico) como lo fue el iPhone en 2007. Cuando se dé con este, no será necesario acudir a una pantalla, bastará con abrir los ojos para sumergirnos en entornos envolventes hechos a medida, donde podamos derrochar toda nuestra atención.

Por esto es clave aprender a levantar la vista de nuestros propios entornos de confort y, en paralelo, adoptar una perspectiva de pensamiento crítico, sobre todo, para las nuevas generaciones que han nacido conectadas e inmersas, exigentes con sus demandas de contenidos y respuestas. Es clave aprender a desconectar, a salirnos de nuestras propias burbujas, a hablar con personas que piensan diferente a nosotros, a tropezarnos, a perdernos en caminos que no conocemos para luego poder decidir cuál es nuestra propia ruta.

11. El crecimiento exponencial de los contenidos

Si en ocasiones tenemos la sensación de que no nos alcanzaría la vida que nos queda para ver todas series, leer todos los libros, jugar a todos los videojuegos o escuchar todos los discos que queremos —una sensación bastante realista— prepárate porque esto solo va en aumento.

Hacer una foto de la dimensión de los contenidos hoy en día es probablemente un sinsentido. Pero tal vez si ampliamos la perspectiva, podamos entender lo que representa. Entre el momento en el que escribo estas líneas, la edición de este libro y su lectura, los contenidos habrán crecido tanto que seguramente lo que contemos aquí parecerá hasta tierno.

Sin embargo, y sin ánimo de generar angustia, aquí te comparto algunos datos.

La generación de contenidos en un minuto

Cada año la consultora Domo publica una infografía basada en un estudio en el que se refleja la generación y consumo de contenidos alrededor del mundo. A continuación, comparto unos datos del estudio Data Never Sleeps de 2022, para ilustrar este crecimiento, que seguramente será mayor para cuando tú leas este libro. En un minuto:

- Los usuarios de Instagram suben 66 000 fotografías.
- Los usuarios de Tiktok consumen 167 millones de vídeos.
- Los usuarios de Twitter postean 347 000 mil tuits.
- En Zoom se mantienen 104 600 horas de reuniones.

- En YouTube se suben 500 horas de vídeo.
- En Netflix se *stremean* 452 mil horas de contenido audiovisual[11].

A propósito de estas dos últimas plataformas, YouTube y Netflix, voy a intentar profundizar un poco más en sus cifras. Recordemos que YouTube es, en su mayoría, gratuito y se sustenta en el contenido generado por sus usuarios. Netflix es de pago y el contenido que ofrece es producido o adquirido por la plataforma.

YouTube, el buscador sin fondo

Para visionar las 500 horas de vídeo que sube a YouTube en un minuto, necesitaríamos aproximadamente 20 días sin parar.

Esto quiere decir que en un año se sube el contenido suficiente para cubrir 24 000 años por delante para poder verlos, eso sí, sin perder tiempo en ducharte, dormir, o simplemente comer. Hace 24 000 mil años estábamos en el final del paleolítico superior, en el que se hicieron los primeros asentamientos humanos permanentes. Hablamos de cantidades inabarcables hoy en día, y que siguen en aumento. Solo en YouTube se consumen más de mil millones de horas de vídeo, más que la producción de Netflix y Facebook juntos. Más del 89.5 % de las visitas a YouTube provienen de dispositivos móviles, y la sesión media de visualización a través de móvil dura más de 40 minutos[12].

Netflix: la máquina de los atracones de series

Netflix produjo su primera serie en 2012, unas 10 horas de televisión. Al año siguiente duplicó esta cifra. En 2019, produjo más de 371 contenidos originales entre series y películas. Para dimensionarlo: esto es más de lo que produjo toda la industria de la televisión en el año 2005. Hasta antes del 2010, se producían 216 series cada año en Estados Unidos. A partir de la producción de *House of Cards*, se estrenaron más de 500 series al año[13].

La suma total de los contenidos originales de Netflix supera los 2400 títulos.

Si quisieras ver todo el catálogo de Netflix necesitarías unos cuatro años de visionado continuo[14].

4. Claves para entender la captación de la atención

Ahora que ya sabes qué es la economía de la atención y cuáles son los elementos que la conforman (la atención, los contenidos y la economía que los rodea) voy a darte algunas claves para generar contenidos que capten la atención de las personas.

Para ello voy a compartir casos reales y testimonios de personas que han conseguido hacerlo de forma exitosa para analizar cuáles son los elementos que influyen en nuestra elección de un contenido en medio de una amplia oferta. Te aviso desde ya que no existe una fórmula infalible, sería una misión imposible dada la dimensión del mercado y la constante evolución de los usuarios, sus preferencias, las plataformas y los propios contenidos. De hecho, si de esto podemos obtener un aprendizaje es que la adaptabilidad es una de las habilidades clave que debemos integrar para captar la atención de las personas.

1. La arena global y la competitividad total

La batalla de la economía de la atención se libra en la arena global. Antes de empezar a competir es fundamental que entendamos la naturaleza y la dimensión del terreno de juego. El mundo está interconectado y el magma digital ha difuminado fronteras. A menudo, quienes generamos los contenidos lo hacemos pensando de manera aislada dentro de nuestras respectivas cajas inconexas: enfocados en hacer una película, un anuncio, una serie de televisión o un videojuego. Rara vez nos detenemos a pensar que las personas con las que queremos conectar tienen la atención puesta en muchos sitios muy diferentes.

Por lo tanto, como ya hemos visto, el primer punto que tener en cuenta es que en la economía de la atención todos competimos contra todos. Aunque Reed Hastings, CEO de Netflix, pueda afirmar que su competencia es el sueño, lo cierto es que está inmerso en la misma batalla que el resto de los mortales, aunque cuente con una marca más sólida y un presupuesto más amplio. Cada vez que escucho a alguien decir que trabaja en el mundo del entretenimiento pienso: «En realidad está en el negocio de la captación de la atención». Da igual el sabor del helado que quieras vender, el objetivo es el mismo: conseguir nuestra atención.

Sin embargo, aunque no seamos del todo conscientes, quienes hemos generado contenidos en la era digital (es decir, hoy en día casi todo el mundo) sabemos lo que implica competir en la arena global. Aunque nuestra producción se limite a alimentar una cuenta de Instagram o mantenernos activos en grupos de WhatsApp, somos conscientes de las dificultades que conlleva conseguir la atención de nuestros contactos, aunque no siempre nos demos cuenta de que competimos contra todo aquello que pueden elegir: Netflix, la Champions, Millie Bobby Brown, AuronPlay y también el chat familiar en WhatsApp, el Slack de la empresa, el videojuego al que te acaban de invitar a jugar...

Tanto profesionales como *amateurs*, desde Reed Hastings hasta tu sobrino que quiere conseguir un puñado de *likes* en TikTok, todos somos competidores y todos estamos en constante aprendizaje, buscando formas de hacerlo mejor.

Incluso quienes no trabajan en el mundo de la comunicación, pero que necesitan comunicar algo, como un Gobierno, un colegio, un fisioterapeuta o restaurante, también viven inmersos en la economía de la atención y tienen que esforzarse o invertir para captar la atención necesaria, ya sea para obtener votos, matrículas, pacientes o comensales.

Sea lo que sea aquello que necesitemos comunicar, debemos estar preparados para este escenario de máxima competitividad: nosotros como productores, los propios consumidores, incluso el mensaje que queremos transmitir. ¿Cómo puedes hacer que tu contenido llegue a quien necesites que llegue sin contar con un presupuesto del nivel de Netflix? ¿Cuál es el modelo de negocio que hay detrás de tu contenido?

Si te dedicas a la generación de contenidos es posible que tengas una sensación abrumadora: ya sabías lo complicado que es el panorama, pero ahora es incluso más flagrante.

Mientras las grandes empresas invierten en la adquisición de empresas de *big data*, neurociencia y en el desarrollo de algoritmos para predecir qué contenidos van a gustar más y a quién, con el fin de desarrollar mejores series o videojuegos, los usuarios buscan un mejor ángulo para su *selfie*, la mejor hora para publicarlo o un truco de edición que sorprenda a sus usuarios para obtener una mejor ratio de *likes* por publicación

En el libro de *Los Comerciantes de la Atención*, Tim Wu cuenta cómo los medios han basado su negocio en la venta de espacios de atención una vez que esta es captada con historias interesantes. Los periódicos, la radio, la televisión y muchos medios digitales han creado imperios con este modelo. Pero en el mundo de los contenidos bajo demanda, hay ciertas cosas que empiezan a cambiar. Elegimos qué ver y también rechazamos lo que no es relevante. En este escenario digital proliferan plataformas que son impermeables a las interrupciones publicitarias, y en las que sus usuarios tienen gustos cada vez más definidos. Nuestra atención se centra en plataformas como Netflix o Spotify, cuyas suscripciones *premium* se ofrecen principalmente libres de anuncios. Ya no vale comprar estos espacios, o al menos esa compra ya no es suficiente.

¿Cómo podemos las empresas y profesionales abrirnos paso y captar la atención en este maremágnum de ofertas? En la segunda mitad del libro hablaré de técnicas y propondré casos prácticos para que veas cómo puede hacerse. Te puedo adelantar que la solución pasa por generar contenidos más relevantes, no solo por la cantidad de trucos, purpurina o fuegos artificiales que podamos agregar para hacerlos más llamativos. Los contenidos tienen que ser competitivos desde su concepción, deben producirse con los estándares de calidad adecuados para cumplir sus objetivos y se deben estructurar de forma quirúrgica para alcanzar su propósito. Da igual si su objetivo es el entretenimiento, la educación, la información o la persuasión, es importante pensar en el recorrido que pueden tener el largo plazo, ya que, si invertimos tanto en su creación, debe ser un contenido que perdure y no caduque en poco tiempo.

Ahora que ya sabemos lo que es la economía de la atención, reuniré algunas claves de cómo captarla a través de diferentes medios y plataformas y con la ayuda de expertos y referencias. Para captar la atención existen diferentes técnicas que se pueden utilizar en función del contexto y tipo de *target* al que nos dirijamos.

¿Quién no ha ardido en deseo de que llegara su turno para hablar y poder contar algo que sintiese que eres muy importante? No te preocupes, esta es la situación de la mayoría de los creadores de contenido. Todos estamos convencidos que eso que queremos contar le cambiará la vida al resto de los mortales, estoy seguro de que es un pensamiento natural, pero es probable que lo que yo quiera contarte, a ti te dé igual.

Volvamos al mundo de los medios de comunicación masiva. En el siglo XX, si alguien quería dar a conocer una marca o poner de moda un refresco, no hacía falta más que anunciarlo. Era relativamente sencillo. Se compraban espacios, GRPen horario de máxima audiencia., repetían el anuncio muchas veces y todo el mundo terminaba viéndolo. ¿Cuántos *jingles* que escuchamos en la infancia nos sabemos de memoria? ¿Cuántas películas que vimos de niños recordamos a la perfección? Cuando había pocos canales masivos, en el paradigma *broadcast*, había ideas peregrinas que podían permear en la sociedad por la falta de otras historias. En el mundo de la publicidad, así como en el cinematográfico, el discográfico en cualquier otro tipo de evento, la oferta era más limitada, solo había un puñado de medios de comunicación y existían menos contenidos entre los que sobresalir.

En el modelo bajo demanda la irrelevancia es la muerte. Si no captas su atención al segundo, eres desechable. En el entorno digital, en el que cada persona decide qué es lo que quiere en cada momento, esto es imposible de prever.

Antes de empezar a competir, ten en cuenta que el terreno de juego de la economía de la atención es el mundo entero.

2. Lo primero es lo que le interesa a tu audiencia

Si algún consejo puedo dar desde la perspectiva de creador de contenidos digitales es que en este entorno es más importante saber qué es lo que le interesa a la persona a la que nos queremos dirigir que el qué queremos contar.

Si lo que yo te voy a contar no te interesa, elegirás no verlo. Incluso, si en un primer momento decides verlo, pero a los dos o tres segundos pierdes el interés, lo vas a cambiar inmediatamente. Por eso, el primer paso (y tal vez el más importante) es entender qué es lo que le interesa a la persona con la que quieres conectar.

¡Ojo!, estoy hablando de personas, de individuos, y no de audiencias ni de grupos de personas ni de grandes públicos.

> Si queremos crear una audiencia, tenemos que empezar por lo que le interesa a una persona.

¿Y cómo podemos saber qué le interesa a una persona? La respuesta lógica sería, si quieres saber qué es lo que le interesa ver a tu prima, pregúntaselo. Entérate de cuáles son sus temas favoritos: sus series favoritas, a qué artistas escucha, cuál ha sido el concierto que más ha disfrutado, el viaje que más le ha gustado, su película favorita, y con eso te puedes hacer una buena idea de cuáles son sus intereses.

Ahora bien, si tu objetivo de comunicación es que no solamente te lea tu prima, sino un grupo de personas más amplio, el hacer un cuestionario así puede ser una labor titánica, prácticamente imposible. De ahí que sean tan importantes los datos en la economía de la atención.

Si tienes los datos de consumo de contenidos, no solo de una persona sino de un grupo de personas, podrás descifrar de forma más ágil los temas, formatos o personalidades que despiertan su interés y así diseñar contenidos que sean mejor recibidos por este grupo de personas.

No importa a lo que te dediques, todos estamos inmersos en la economía de la atención. Todos consumimos, producimos o recomendamos contenidos. Antes de plantearte lo que quieres contar, piensa en qué es lo que más llama la atención de tu público objetivo.

Los datos mandan y la recopilación de elementos captadores de atención es clave para la gestación de un proyecto.

3. Netflix y los datos aplicados a la creatividad

Ese, por ejemplo, fue el método que utilizó Netflix para decidir cuál sería su primera gran producción.

Antes de que se pusiera a producir contenido, Netflix era un videoclub, un lugar en el que se alquilaban películas en DVD, con reparto a domicilio. Y después pasó a ser una plataforma digital de consumo bajo demanda como la que conocemos hoy en día.

Al comenzar la segunda década del siglo XXI, después de varios años funcionando como plataforma de distribución, tenían muchos datos sobre los gustos de sus usuarios. Sabían, por ejemplo, que Kevin Spacey era uno de sus actores favoritos, que David Fincher era uno de sus directores favoritos, y una serie que había triunfado en los visionados era la versión original británica de *House of Cards*.

Así pues, cuando Netflix decidió experimentar con la producción de contenidos propios, utilizó estos datos para asegurarse, en la medida de lo posible, que el contenido que iban a producir le resultaría interesante a los suscriptores.

Y así fue. Unió estos tres ingredientes y su primera gran producción original superó todas las expectativas de éxito.

Diez años después, el uso de datos en análisis predictivos para la formulación de propuestas creativas es una técnica extendida entre las empresas de contenidos, ya sean de entretenimiento o publicitarios. Los ingredientes de una serie, película o campaña de publicidad se pueden pasar por este filtro de datos y proyectar qué impacto tendrán en determinadas audiencias.

Aun cuando no cuentes con la base de datos de suscriptores de Netflix, ni la completísima forma de rastrear los gustos y consumos de estos, el recabar datos de un grupo relevante de personas te puede servir a la hora de decidir cuál es el contenido idóneo para generar.

Incluso, si le quitamos toda la parte de datos y tecnología a este principio, lo que te queda al final es un ingrediente muy importante para la comunicación: la empatía. Se trata simplemente de pensar en el receptor, preguntarte qué es lo que le interesa a la persona con la que quieres conectar antes de pensar lo que como emisor quieres comunicar.

Aplicando este simple ejercicio, no en una producción con un contenido muy elaborado, sino en nuestra comunicación diaria, aumentamos las probabilidades de que nuestros mensajes sean mejor recibidos por cualquier interlocutor.

Ya lo dijo Antonio Monerris en su entrevista para el pódcast de *Su atención, por favor*: «Lo más importante es conectar. La conversación es la base de las redes sociales. Intenta conectar gente por creer en la gente».

4. ¿Qué le interesa a una persona? ¿Cómo podemos conocer a nuestra audiencia?

Ahora bien, una vez explicados estos ejemplos macro, ¿qué se puede hacer para conocer mejor a las posibles audiencias? El mundo está lleno de datos. Y en el mundo digital, estos son todavía más tangibles.

Todo lo que hacemos en este mundo conectado genera datos. Ese paseo por el campo respirando aire puro en una zona sin cobertura —pero en el que tu *smartphone* cuenta los pasos y el ritmo cardíaco—; esa compra impulsiva en una tienda *online* en mitad de la noche; ese día en el que compraste por primera vez un paquete de pañales en el supermercado o esa cuenta a la que invitaste en un restaurante. Todo genera datos.

Y, por supuesto, la actividad en plataformas digitales. No solo los *likes* que das, sino también los segundos que pasas viendo una foto, un vídeo o una serie, las fotos que subes, los memes que reenvías.

Todo se registra y todo cuenta. Somos máquinas generadoras de datos, incluso mientras dormimos.

Hay datos de sobra, nuestro mundo está infestado de ellos. La clave es saber primero cómo dar con ellos, cómo recolectarlos y cómo interpretarlos.

Las grandes empresas de contenidos se basan en estas dos premisas para aumentar su valor. Generan contenidos que atraen a personas que forman audiencias. Dichas personas, al utilizar la plataforma (puede ser una web, una plataforma de video bajo demanda o una red social) generan datos que se cotejan junto a los de los demás usuarios. Cuantos más datos se tengan se pueden analizar e interpretar más cosas.

La interpretación de toda esta información corre a cargo de los algoritmos. De acuerdo con el DLE, un algoritmo es un «conjunto ordenado y finito de operaciones que permite hallar la solución de un problema[1]».

Estos algoritmos sirven como herramientas que recopilan, procesan y cruzan cantidades enormes de datos (que nosotros generamos) y que dan como resultado una predicción de una acción realizaremos como la siguiente serie que verás, hasta la ropa interior que no sabías qué querías comprar o la casa de tus sueños, aún no la conoces pero que probablemente la visitarás.

Y aunque esto funciona como una gran maquinaria a nivel macro, lo podemos aplicar en nuestro día a día como lo explica Elena Neira: «A mí me interesa mucho saber qué le interesa a la gente y eso lo puedo saber de manera directa. Y las redes te lo permiten. Eso te permite saber exactamente qué le interesa a la gente, qué contenido son más activos, cuáles comentan más, cuáles son más polémicos».

Todo esto se puede saber por las acciones que realizamos, como comenta Jorge Carrión en su pódcast *Solaris*: «Si bien Google puede hacer una estimación de cuántas chicas adolescentes hay embarazadas en el mundo, sin acceder a los archivos médicos, solamente a través de las búsquedas que han llevado a cabo en sus dispositivos, no puede entender, al menos todavía, por qué se quedaron embarazadas. Pero el conocimiento de las cifras de las chicas embarazadas, sus domicilios, las distancias a las que viven de los hospitales o farmacias, sus ciudades, sus países, los sistemas sanitarios, etc., toda esa información cruzada con tantos otros datos es muy útil política y comercialmente sin que se deba saber los motivos por los que no utilizaron los métodos anticonceptivos[2]».

Daniel Innerarity lleva mucho tiempo estudiando y escribiendo sobre los algoritmos, y en su opinión «buena parte de sus limitaciones tienen que ver con que son extremadamente conservadores. Es decir, los algoritmos se alimentan de nuestro comportamiento presente y pasado. Los algoritmos piensan por su propia naturaleza, esto es casi inevitable, que nuestro comportamiento futuro va a estar en continuidad o va a ser muy similar a nuestro comportamiento pasado. Eso es verdad. Pero yo también puedo dejar de fumar. Yo también puedo dejar de reírme de chistes machistas que me hacían gracia hace 30 años[3]».

Lo cierto es que con toda la información que generamos es más fácil el predecir cómo actuaremos en el futuro, y más si a partir de estos datos se nos dosifica contenido al que predeciblemente seremos más receptivos, ya sea una noticia sobre la declaración de algún político afín a nuestra ideología, el inicio de la gira de nuestro grupo favorito o el inicio de la temporada de rebajas en una tienda en la que hayamos comprado anteriormente.

Como hemos visto la predicción de acciones es una realidad gracias a la ingente cantidad de datos que generamos. Por lo que empresas e instituciones de distintas industrias están invirtiendo en tecnologías predictivas, especializadas en la extracción, organización e interpretación de datos. Para adecuar sus ofertas a nuestros intereses, o bien direccionar nuestros intereses a lo que ofrecen.

5. Información y entretenimiento. ¿Qué demandamos?

Tal vez estarás pensando que el acceso a estas sofisticadas tecnologías predictivas es complicado si no dispones de un cuantioso presupuesto. Pero cada vez hay más herramientas asequibles que nos pueden ayudar a buscar tendencias o comportamientos de distintos públicos como Exploding Topics o Google Trends. También las propias plataformas nos proporcionan bastante información (y ocultan buena parte) sobre el consumo de contenidos y tendencias.

Pero más allá de las herramientas concretas, que cambian constantemente, te propongo tener un acercamiento metódico para indagar qué es lo que le interesa a la gente.

La gente utiliza internet fundamentalmente para dos cosas: buscar información útil y pasar un rato entretenido. Este es el punto de partida para entender lo que demandamos, en este mundo que funciona precisamente así, consumo bajo demanda.

Te propongo las próximas veces que levantes el móvil con cualquier pretexto pienses si es para entretenerte, es probable que uses aplicaciones como TikTok o Instagram en las que inmediatamente ves imágenes coloridas, gente sonriente, platos perfectamente decorados y paisajes bucólicos. Y ahí puedes echar el rato. O si, en ese momento, usas el móvil con el pretexto de saber si saber el clima, cuál es la ruta para llegar a la siguiente reunión, encontrar una dirección o saber cómo cocer un huevo.

Para ilustrar esto voy a usar un caso de la prehistoria del internet social que creo que explica el punto a la perfección: Bere Casillas, el sastre que se reinventó gracias a YouTube y su famoso vídeo en el que explica cómo hacer un nudo de corbata. No será ni de lejos la primera vez que se cuenta, pero otra de las cosas que nos enseña Google a diario es que la originalidad está sobrevalorada.

¿Cómo funcionaba esto de entretenernos un rato o buscar información útil antes de internet? Para entretenernos nos juntábamos con amigos para pasar el rato, escuchar discos, jugar a las cartas o al fútbol. Y para saber algo, le preguntábamos a alguien con más experiencia o conocimientos que nosotros.

Sin embargo, con la llegada de internet y plataformas como YouTube todo esto cambió. Ya no se acudía los padres u otras personas de nuestro entorno para saber cómo realizar acciones cotidianas como cocinar una receta o hacerse un nudo de corbata, se buscaba la información en internet. En este sentido, a principios de la segunda década del siglo, el sastre granadino Bere Casillas se convirtió en un caso de éxito de marketing digital. ¿Cómo? Identificó que los vídeos que explicaban cómo hacerse un nudo de la corbata tenían cientos de miles de visualizaciones.

El público objetivo era muy fácil de delimitar. Fundamentalmente eran hombres, que por alguna u otra razón, ya sea laboral o festival, tenían que aprender a hacerse el nudo de la corbata.

Este tipo de información normalmente se transmitía de padres a hijos. Pero al existir Google y YouTube este tipo de conocimientos, como muchos otros, son más fáciles de adquirir frente a una pantalla.

Bere Casillas —un clásico de los primeros años de YouTube— quería dar a conocer su sastrería, ubicada de Granada, entre la gente joven con estos sencillos vídeos, en los que a través de un plano fijo de él mismo manipulando una corbata, explicaba los pasos para hacer el nudo.

Gracias a eso se desató una fiebre de vídeos idénticos que tenían el afán de conseguir visualizaciones, virales de cocción lenta. O visualizaciones orgánicas, como se les suele llamar. Es decir, que no requieren de inyección de presupuesto para hacer publicaciones promocionadas. Busquen en YouTube «cómo hacer un nudo de corbata» y verán. Decenas de videos. Miles de reproducciones. Búsquedas de información útil resueltas.

Aun sin acceso a tecnologías predictivas, el simple hecho de buscar en internet contenidos similares al que estés planeando, es una gran validación antes de dar un primer paso.

Primero, porque pone a prueba nuestra originalidad. ¿Tienes una gran idea? Búscala en Google, es muy posible que se le haya ocurrido a alguien más, tal vez algo muy parecido, y tal vez ya la haya puesto en práctica. De este modo, puedes verificar qué tal ha funcionado. Todo dato repercute en el aprendizaje.

En segundo lugar, una vez que hemos comprobado que no somos tan originales como pensábamos, debemos repetir la operación muchas veces. Esto es igual que mirar a nuestro alrededor y ver qué es lo que le funciona y qué no a nuestra competencia. Lo que se conoce en el argot empresarial como un *benchmark*.

La traducción literal de *benchmark* es 'punto de referencia'. Técnicamente se refiere a hacer una evaluación comparativa de la competencia, es decir, mirar lo que se ha hecho y se está haciendo por actores similares para saber qué funciona y qué no. El *benchmark* es en sí un proceso de aprendizaje metódico muy útil para cualquier emprendimiento que se quiera llevar a cabo, ya que es, sobre todo, una toma de contacto con la realidad.

Uno de los primeros *benchmarks* que realicé (tras ser consciente del concepto) fue para plantear una estrategia de internacionalización de calzado español, tema que en aquel entonces me resultaba completamente ajeno y desconocido. Esto me forzó a empezar de cero y a ser muy minucioso al estudiar el sector. ¿Qué es lo que hacían otros países para esto? ¿Qué acciones se habían realizado con anterioridad en España? ¿Cuáles habían tenido más éxito? ¿Cuáles habían fallado y por qué? ¿En qué aspectos se estaba innovando en el sector a nivel internacional? ¿Cuáles eran los mercados y ferias más importantes? Yun largo etcétera de preguntas.

Al final del proceso, con todas las preguntas respondidas, no solamente conocía mucho mejor el sector del calzado a nivel internacional, sino que también tenía ideas bastante claras de qué soluciones había que plantear y qué no hacer en la estrategia que propusiéramos.

Así pues, ya sea para crear contenidos, captar la atención o plantear cualquier tipo de empresa, el primer paso es hacer este análisis comparativo para saber qué funciona o no. Entender qué es lo que demanda y consume tu audiencia, sería el objetivo principal antes de plantearnos qué es lo que debemos hacer.

6. Contenido transmedia como conexión del mundo bajo demanda

Una vez realizadas las búsquedas, las comparativas, cruces de datos y todo un ejercicio de empatía, el siguiente paso es encontrar los puntos de unión entre aquello que le interesa al público objetivo con lo que quieres contar. Cuál es ese nexo, cuál es ese puente de unión entre sus intereses y lo que quieres contar.

Pasa en todas las conversaciones. Piensa en la primera vez que coincides son alguien, cada uno plantea temas, habla de sus cosas, hace preguntas y en algún momento ¡bum! aparece un tema que apasiona a ambas personas. Da igual si es que a ambas les apasiona un estilo de música o las dos aborrecen a un equipo de fútbol. Lo que hay es un punto de conexión, un anclaje sobre el que se cimenta una relación. Llamemos a ese punto el *sweet spot*, que es la marmita de la que emergerán las historias que debemos contar para captar la atención de quien queramos.

Y digo las historias a propósito, porque hay que hacerse a la idea de que para captar la atención de alguien vamos a necesitar mucho más que una sola historia (aunque esta sea un buen principio).

Una vez detectado este punto de conexión, lo siguiente es pensar en qué canal y en qué formato lo contaremos. Y la respuesta a esta pregunta difícilmente será unitaria. Nuestra atención está fragmentada. Saltamos de pantalla en pantalla, de formato en formato. Por lo que los generadores de contenido deben tener en cuenta esto para narrar en consecuencia.

Independientemente de cuáles sean nuestros intereses como usuarios, nuestra atención está desperdigada en diferentes plataformas que utilizamos de forma indiscriminada a lo largo del día. Así pues, sea cual sea la propuesta, esta deberá estar diseñada de acuerdo con ese contexto de consumo, en el que, si de algo podemos estar seguros es de que cualquiera que sea nuestra propuesta de contenidos, estos deberán tener un enfoque multiplataforma.

Una estrategia de contenidos hoy en día no solamente debe contemplar la vida de estos a través de diferentes plataformas, sino que debe tener en cuenta también los vasos comunicantes entre ellas. Y cómo saltar de un contenido a otro e, incluso, cómo se responderá a la participación de los receptores de estos. Es decir, sea cual sea el planteamiento o la estrategia de contenidos que se haga, este deberá de ser transmedia.

7. La aglutinación de factores de atracción

Hay muchos más factores que pueden ayudar a captar la atención de las personas. De estos hablaremos con más profundidad en el siguiente capítulo en el que abordaremos casos de personas y empresas que han tenido éxito en esta misión.

En todo caso, estos factores funcionan mejor en la medida que se aplican en conjunto. Arrancar un proyecto requiere que lo dotemos con la mayor cantidad de elementos que aseguren su éxito. Aunque incluso así, asegurarlo es casi imposible.

En esta jungla de competencia acérrima ya no vale una idea brillante. Un destello puede valer para unas risas, para un reenvío, pero poco más. Y ahí es donde los números, lo cuantitativo, ha cobrado una importancia capital en prácticamente todos los ámbitos de la comunicación.

Una historia interesante debe ser validada con herramientas de analítica predictiva, con datos que corroboren que sus elementos seducirán al público objetivo. Hoy en día, un buen *casting* (tristemente) no se compone solamente de buenos actores, sino de celebridades cuya base de seguidores en redes sociales se convierte en un activo para la promoción del contenido.

Es más importante que una película se base en una novela que haya vendido millones de ejemplares, que el que sea una historia que tiene sentido adaptar a televisión, y así sucesivamente.

El talento y la creatividad cuentan, pero si no están sustentados en datos y números es posible que nunca lleguen a ver la luz.

Y si encima consideramos que los contenidos deben tener un enfoque transmedia —dejo aquí un factor que en principio puede parecer contradictorio o incompatible con este enfoque—: la calidad es más importante que la cantidad.

5. La captación de la atención: casos de éxito, sectores y formatos

Nuestra atención se divide entre muchos contenidos y cada uno de ellos tiene atributos diferentes según su naturaleza, pero también comparten algunos comunes denominadores. Esto lo veremos a lo largo de este capítulo donde exploraremos varios casos prácticos de éxito en la captación de atención contados en primera persona por sus protagonistas.

Muchos de estos testimonios han sido extraídos de entrevistas publicadas en el pódcast *Su atención, por favor* que se puede escuchar en las principales plataformas de pódcast como Spotify, Ivoox, Apple Podcasts, Google Podcasts, Podimo y también YouTube.

El objetivo es mostrar un amplio espectro de contenidos de diversas naturalezas, públicos objetivos y valores de producción. Desde la redacción de libros, los medios analógicos, los enfoques académicos y las redes sociales. Hay valiosas lecciones que aprender desde todas las trincheras, y cuanto más diversas sean las fuentes, es probable que su aplicación práctica resulte más sencilla.

1. Contenido editorial: Un libro es un producto muy serio. Ismael Nafría

Una de las experiencias más enriquecedoras que he tenido a lo largo del proceso de escritura de este libro ha sido el poder hablar con otras personas que también han escrito libros, tomar nota de sus procesos y enseñanzas e intentar aplicarlos a este.

Fue especialmente inspirador conversar con Ismael Nafría, periodista, profesor especializado en medios digitales y autor del libro *La reinvención de The New York Times.* Tuve la oportunidad de reunirme con él en el Colegio de Periodistas de Cataluña después de tomarnos un buen pincho de tortilla en una cafetería de la rambla de Cataluña. «Un libro es un producto muy serio», con estas palabras comenzó a contarme el proceso de escritura de su libro.

Ismael había desarrollado su carrera en el ámbito de los medios de comunicación, trabajando en grupos como PRISA y el grupo Godó, hasta que surgió la oportunidad de pasar un año como profesor visitante en el Knight House de la Universidad de Texas, en la ciudad de Austin. Fue ahí donde se centró en escribir el libro. Aunque reconoció que. «Lo más complicado era encontrar horas de calidad para escribir[1]», encontró el entorno propicio y el tiempo necesario para dedicarse plenamente a escribir las quinientas páginas de su obra.

Ismael describe el proceso de escritura como una carrera de fondo en la que debe abstraerse de cualquier distracción y sumergirse en sesiones de escritura que duren no menos de dos horas para poder entrar en profundidad en la narración.

Si tuviera que resumir el proceso de escritura del libro, su objetivo principal, diría que se basa en la apuesta por la calidad. Ismael puso mucha concentración, esmero y trabajo en la escritura del libro, apostando por que se convirtiese en una referencia en el sector. Esto es exactamente en lo que se centró *The New York Times* para lograr ese proceso de transformación digital que ha escrito Ismael detalladamente en el libro.

Con la llegada de internet, el sector de la prensa ha cimbrado desde sus bases. El hecho de llamarles diarios o periódicos ya casi ha perdido el sentido, porque tal vez lo menos importante sea su publicación diaria, sustituida por su actualización constante de noticias. Según Ismael, podemos referirnos a ellos simplemente como medios digitales, ya que su importancia radica en la información que proporcionan y no tanto en su suporte.

En el libro de *The Attention Merchants*, Tim Wu cuenta los orígenes de la economía de la atención a través de los primeros periódicos de papel. Que preferían perder dinero estableciendo un precio muy bajo, a cambio de conseguir que tuvieran una distribución más amplia, para así reunir a más lectores y entonces poder ganar dinero de lo que cobraban a las empresas anunciantes por las inserciones en sus páginas.

Dicho modelo que subsistió durante décadas se desinfló en pocos años con la llegada de internet. En la red, la información es gratuita y constante, y el hecho de pagar dinero diario por una información que muy probablemente esté obsoleta, pierde casi todo el sentido.

El caso de la transformación digital de *The New York Times* ha sido emblemático y esto es precisamente lo que cuenta Ismael en sus más de quinientas páginas y un kilo.

El libro se ha convertido en un referente —sobre todo, en el mundo hispano— porque contiene las respuestas a muchas de las preguntas que todavía se hacen la mayoría de los trabajadores de periódicos y medios impresos que están en este proceso de adaptación al nuevo mundo de consumo digital bajo demanda. Según Ismael, el propio libro lo ha llevado a lugares insospechados. Así lo comentó en su entrevista para el pódcast *Su atención, por favor*:

> «El libro del *The New York Times* ha sido el que ha tenido más repercusión (de los cuatro que ha escrito) y realmente me ha abierto puertas a un mundo maravilloso de contacto con miles de personas. Lo puedo decir porque no es exagerado, son miles de personas a través de conferencias, de reuniones, de trabajo en muchos países en España y en muchos países de América Latina y con muchas, muchas empresas de medios o universidades[2]».

Según el análisis del propio Ismael, el éxito del libro se debe a diferentes factores:

- **La relevancia del tema.** El New York Times es uno de los medios de comunicación más importantes del mundo y su trabajo de transformación digital ha sido ejemplar.
- **La calidad del contenido.** Ha sido un trabajo de análisis a conciencia en que se han invertido muchas horas de investigación, por lo tanto, la calidad del contenido es muy alta. Lo que lo convierte en un texto de referencia.
- **El idioma.** El libro está escrito en español, lo que favorece el contacto directo con un mercado muy amplio, pero al mismo tiempo muy específico.

- **La libertad.** Que Ismael una persona externa a *The New York Times*, le da una libertad muy grande a la hora de escribir, analizar e, incluso, de realizar críticas o análisis constructivos al trabajo que realizado.

Pero volviendo a los medios, antes medios impresos, diarios o periódicos, ¿cuál es la clave para que estos puedan conectar con sus lectores? Según Nafría, el término clave que se utiliza como medida de éxito es el llamado *engagement*, que es un término complicado de trasladar, porque tiene diferentes acepciones a términos castellanos, que van desde el compromiso, vinculación, relación estrecha, hasta sentirse parte de una comunidad. El caso es que representa esta conexión entre dos partes.

¿Y cómo se consigue ese *engagement*? «La clave para mí es contar cosas interesantes, relevantes para la vida de las personas y hacerlo de la manera más atractiva posible. Ese sería el resumen de cuál es la manera de llevar a cabo la misión que los medios tienen hoy en día[3]».

Las fases del *engagement*. Esta relación, sin embargo, no se da de la noche a la mañana. Pasa por diferentes fases que Nafría explica de la siguiente forma:

- **La fase de descubrimiento.** «Puede ser por tu cuenta o porque alguien te lo recomienda o por porque lo encuentras en Google». En esta «los usuarios evalúan de una manera un poco salvaje, es decir, en veinte segundos se hacen una idea de si eso vale la pena o no. Por eso es tan importante ese primer impacto».
- **La fase de habituación con el producto y conquista del lector.** Es en esta fase en la que la calidad se convierte en un factor diferenciador, como comenta Nafría: «A mí me gusta siempre decir que es mucho más importante la calidad que la cantidad de producto, porque cuando produces mucho acabas produciendo mal, normalmente, y en cambio producir poco pero bien es la manera de que ese camino de conquistar al usuario realmente empiece a funcionar».
- **La fase de la suscripción.** Después de que un usuario se habitúa, se suscribe a una *newsletter* o a un pódcast, y de esta forma se consigue el objetivo del medio, que en el caso de *The News York Times* es la suscripción pagada.

- **La fase del intercambio de calidad.** La relación entre medio y lector se cimenta en un intercambio de calidad (que está estrechamente ligado a la economía de la atención): el medio produce una información, una historia con una investigación sólida detrás, una redacción cuidada, un diseño, etcétera, a cambio de un tiempo l lector, que está dispuesto a tomarse el tiempo de consumir este contenido con plena atención, aunque sea por unos minutos.
- **La fase de la confianza.** Según Nafría el valor predominante en esta es la confianza: «La confianza que deposita el lector en el medio de referencia que lee». En ese intercambio es donde sucede la magia.

El *clickbait*

En el extremo opuesto estaría el desengaño que ocurre, la pérdida de confianza que genera, por ejemplo, el *clickbait*. El *clickbait* (literalmente significa 'cebo para clic') se refiere a la práctica de poner un titular llamativo, muchas veces ambiguo, y que una vez que se hace clic y uno lee o visualiza el contenido, este no responde a lo que prometía dicho titular.

A los alumnos de periodismo, del siglo pasado, se nos enseñaba que el titular de la noticia debía concentrar los hechos que queríamos contar y, después, párrafo a párrafo, desgranar el qué, cómo, dónde, cuándo y por qué había sucedido tal cosa. Así, quien podía dedicarle apenas un vistazo a la noticia se podía enterar de la esencia con el titular y, a lo mejor, con el primer párrafo, y quien quería saber más, podía leerla al completo.

Hoy en las aulas de periodismo digital —o tal vez en las redacciones— espero que no se les enseñe exactamente lo contrario: redacta un titular muy llamativo, pero que genere expectación y al mismo tiempo no dice nada para forzar que la gente clic sobre la noticia. Con lo cual, después redactar cinco o seis párrafos que no digan absolutamente nada nuevo pero que hagan que la gente mantenga su atención en esa página, y ya en el sexto o séptimo párrafo relata el hecho al que se hace alusión en el titular, aunque uno y otro no concuerden.

De esta forma se habrá captado la atención de una persona durante unos 10 o 15 segundos en los que ella habrá pasado por alto tres o cuatro *banners* o inserciones publicitarias por las que el medio de comunicación habrá cobrado como impactos efectivos. El medio pierde poco a poco la confianza de sus lectores, al cumplir de forma vaga o fallida la promesa del titular y, ni siquiera habrá logrado que le lector haga caso a la publicidad, ya que la ha ignorado.

El objetivo de esta mala praxis es la generación de tráfico, engrosar números de impresiones, páginas vistas que luego puedan justificar inversiones publicitarias en los medios que la practiquen. La repercusión negativa es pérdida de la confianza de los usuarios, se aprenden el truco y saben que detrás de esos titulares («No te puedes imaginar lo que sucedió después...») no hay contenidos de valor.

La adaptación nunca termina. El gran aprendizaje del libro y la conversación con Ismael es que esa transformación digital de la que tanto se habla es un proceso de adaptación que no tiene un final como tal: la adaptación, igual que el cambio, no termina nunca.

Aprendizajes

- Un libro es un producto muy serio. Lo más complicado es encontrar horas de calidad para escribir.
- El éxito de su libro se basa en los siguientes factores: Tema relevante, un análisis profundo, la legitimidad que da la libertad y el que estuviera escrito en español.
- El *engagement* entre el medio y los lectores se consigue en diferentes fases: descubrimiento, habituación y suscripción.
- La relación entre el medio y los lectores se cimenta en un intercambio de calidad que se aplica al contenido y al tiempo de consumo.
- El valor predominante en esta relación es la confianza que deposita el lector en el medio de referencia que lee.
- La transformación digital implica una adaptación profunda que no tiene un final.

2. Cine: Intuición, referencias y encontrar un hueco en el mercado. La saga de Tadeo Jones. Nico Matji

Un largometraje de animación implica un proceso de entre tres y cuatro años de producción. Cuesta entre unos 10 millones de euros en el plano europeo y unos 150 000 millones de dólares en la liga estadounidense de Pixar y Disney. Lo que se traduce en aproximadamente noventa minutos de animación. «85 minutos» subrayaba Nico Matji, en la conversación que tuvimos en la cafetería de la estación de ferroviaria del Puerto de Sóller en Mallorca para el pódcast de *Su atención, por favor Su atención, por favor*[4].

Uno de los mayores aprendizajes en el proceso de escribir este libro es que los grandes expertos en captación de atención son personas con una alta capacidad de concentración. Es decir, que para generar grandes productos que capten la atención, es necesario concentrar la atención propia en el proyecto durante mucho tiempo y con mucha calidad. En otras palabras, hay que pensar.

Ese es el caso de Nico Matji. En apariencia, Nico es un tipo disperso, algo distraído. Sin embargo, esta apariencia oculta a un tipo que piensa mucho y de forma constante.

Estamos hablando de un productor cinematográfico especializado en películas de animación, que ha ganado de momento diez Goyas y dos Premios Platino, y es reconocido especialmente por ser el productor de la saga de películas de Tadeo Jones.

Después de hacer un par de cortometrajes, dio el salto a las grandes ligas en el año 2012 con *Las aventuras de Tadeo Jones*, la primera película de la saga, que con 8 millones de presupuesto de producción recaudó 18 200 000 y fue vista por 410 mil personas en salas. Después vino *Atrapa la bandera* en 2015 que costó 12.5 millones de euros y superó el millón de espectadores, recaudando 24 millones de euros. En 2018 se estrenó *Tadeo Jones 2*, que costó 9 millones de euros y fue vista por 3 millones y medio de personas en cines. Todo esto sin contar con las visualizaciones en plataformas bajo demanda u otras ventanas.

Otra de las características de los expertos en la captación de atención es que suelen afirmar que no existen fórmulas para la misma —o, al menos en un principio, son reacios a compartirlas—, aunque de forma interna tengan claro cuáles son los requisitos necesarios para que un producto, un contenido o una producción sean más atractivas.

Este es el caso de Nico Matji, quien dice no tener una fórmula para asegurar el éxito de sus películas, y que no le gusta dejarse guiar por los algoritmos que rigen las grandes producciones de animación de Hollywood.

«Yo no creo en las fórmulas para hacer películas porque he crecido así, sin embargo, si te vas a hablar con un productor estadounidense, tienen departamentos encargados de buscar tendencias de mercado, y hacen películas como churros, una detrás de otra. En Europa los cineastas somos más bien artesanos, mientras que al otro lado del charco son industriales».

Sin embargo, al conversar con Nico, nos deja entrever algunas claves del proceso creativo de sus películas, una serie de características que con cada nueva entrega va depurando y completando la fórmula, o al menos la técnica de cómo hacerlo para asegurarse un éxito.

Su primer largometraje vino después de «hacer dos cortos en los cuales aparecían unas momias, que había tenido mucho éxito entre el público, por lo que decidió que las momias debían aparecer en la película. También del cortometraje de *Tadeo Jones* se extrajo el personaje de Jeff, un perrito con una clara vis cómica.

Si bien no tenía una fórmula propia, se basó en analogías y en otras fórmulas probadas: «*Tadeo Jones* es a las películas de *Indiana Jones* lo que *Superlópez* a *Supermán*, o *Shrek* a los cuentos clásicos, ese debe ser el espíritu». A esto le añadió también un personaje del estilo de *Lara Croft* —una chica llamada Sara— que también aparece en el primer largometraje. Es decir, iban sumando referencias a personajes y universos reconocibles por el público.

Para la secuela sabían que había determinados personajes que se debían mantener, tales como la momia, Sara, Jeff, el perro, y Belzoni, el loro mudo. Y para redondear quería dotar al personaje de un objeto inútil, que a partir de la inspiración del escudo del capitán América terminó siendo una paellera.

Haya fórmula o no, lo cierto es que hay mucho de intuición y experiencia en el proceso creativo de estas películas de animación, que se han convertido en una referencia para muchas otras producciones realizadas fuera del circuito estadounidense.

El proceso de producción de una película de animación como *Tadeo Jones* puede durar cerca de cuatro años, e involucra a unas 150 personas más que en una película de ficción de acción real. Técnicamente se trata de montar una empresa centrada en la producción de la película.

Hoy en día, al menos en España, la animación es un sector bastante asentado, se producen largos y cortos locales que obtienen buenas dosis de reconocimiento internacional y se da mucho servicio a producciones extranjeras porque se innova en nuevas técnicas de animación. Muchos técnicos de animación españoles acaban dando el salto a Hollywood para trabajar en las grandes productoras americanas.

Pero hace quince o veinte años, cuando Nico Matji comenzó a producir animación, esto no era tan común. ¿Por qué decidió apostar por este género? Nico sabía desde pequeño que se quería dedicar a esto, sus padres trabajaban en el cine y la televisión, y era lo que quería hacer y según sus palabras «testeó un hueco en el mercado».

Pasó mucho tiempo analizando qué producto podría hacer y llegó a la conclusión de apostar por la animación «porque la animación viaja por todo el mundo, no tiene problemas de reparto, se dobla en cada país y además podía utilizar elementos que serían muy complicados en otro tipo de películas, como aviones, portaaviones. etc.». Fue entonces cuando conoció a Enrique Gato, un experto en animación que acabó dirigiendo estos cortometrajes y películas que son toda una referencia en cuanto a modelo de éxito de captación de atención y también de negocio.

Aprendizajes

- Una película de animación son tres años de trabajo para dos horas de entretenimiento.
- Además del equipo de producción habitual para hacer una película, se necesita un equipo para realizar la animación, que puede duplicar al equipo de producción.
- La animación es un contenido que viaja bien, sus historias y personajes son fácilmente exportables.
- En Europa la producción cinematográfica es más artesanal, mientras que en Estados Unidos tienen departamentos encargados de buscar tendencias de mercado para planear sus producciones.
- Para captar la atención, es bueno sumar referencias a personajes y universos reconocibles por el público.

3. La comunicación de un producto o servicio: El amateurismo letal de Santi Rivas

«El vino en España se divulga mal». Esto lo dice Santi Rivas desde hace mucho tiempo. Lo curioso es que Santi no es productor de vino ni experto en comunicación: ha trabajado toda su vida en el sector de la banca, y quizás sea una de las personas que más sepan de vinos y su difusión a través de medios digitales en España.

> «Yo creo que un acto divulgativo debe tener una parte de entretenimiento y más ahora que estamos en un mundo con tanta, tanta oferta. Entonces, si el contenido no es entretenido, no es un contenido válido, sea lo que sea. Si estamos en el mundo del entretenimiento la divulgación tiene que ser entretenida. Si no hay entretenimiento, no hay docencia[5]».

La relación de Santi con el vino comenzó desde que era muy joven gracias a un familiar que trabajaba en la distribución de libros. Y la profundizó cuando trabajó en una tienda de vinos en Francia, donde aprendió a catarlos.

Su punto de inicio como creador de contenido fue identificar que había mucha gente con curiosidad por el vino, sin ese afán altivo de las catas tradicionales, por lo que comenzó a organizar reuniones caseras, a las que llamó *wine parties*, en las que él mismo presentaba los vinos con un toque narrativo y de humor

Gracias al éxito de estas reuniones, en 2007, creó su página en Facebook, llamada Colectivo Decantado y comenzó a ganar cierta reputación pues hablaba de vinos con la intención de entretener, manteniendo un lenguaje cercano y alejándose del acartonamiento habitual de las personas y medios que hablan de vinos.

> «Hay mucha gente que confunde el hacer cosas divertidas con bajar el nivel de los vinos, hablar de vinos baratos, etc. No, mi concepto es el más estricto que hay dentro del mundo del vino. Otra cosa es que mi manera de divulgar sea desde el entretenimiento, pero luego voy a hablar de vinos que beben los mayores iniciados y hago pocas concesiones[6]».

Tras crear su comunidad en Facebook, decidió dar el salto al formato audiovisual a través de lo que bautizó Instacatas que difundía en su canal de Instagram. Dichos vídeos, en realidad no eran catas, sino monólogos hiperbreves (duraban menos de un minuto) que aumentaron exponencialmente la visibilidad de Santi.

El formato era innovador, el lenguaje era cercano y lo que contaba aportaba valor a la vez que era entretenido.

Así llamó la atención de Jordi Luque, director de contenidos abiertos; lo fichó el Comidista para hacer un par de apariciones en el programa de La Sexta y, posteriormente, para hacer Instacatas en la versión digital del diario *El País*.

A partir de esto, Santi comenzó a recibir propuestas tanto de medios de comunicación como de marcas, en la actualidad escribe para revistas como *Esquire* y recibe propuestas a diario de marcas de todo tipo para hacer colaboraciones relacionadas con el mundo del vino. Después del Facebook, Instagram, la televisión, la prensa y las colaboraciones en las revistas, Santi publicó el libro titulado *Deja todo o deja el vino* que en muy corto plazo de tiempo alcanzó la cuarta edición.

¿A qué se debe el éxito de Santi? Según sus palabras, tiene que ver con el amateurismo desde que el que forjó su estilo ¿A qué se refiere con esto? A que cuando él comenzó a escribir, y hacer sus instacatas, esto no formaba parte de su *modus vivendi*, es decir, que no se ganaba la vida haciendo esto. Sus ingresos provenían de su trabajo en el mundo financiero. Escribir o hablar de vinos era su *hobby*, lo que le permitía hacerlo con total libertad. Dicha autenticidad, sin duda, conectaba con la gente mucho más que los textos escritos por periodistas especializados en el mundo de la gastronomía y los vinos.

«Una de las claves de tener éxito en lo que quieras hacer es plantearlo desde un punto de vista *amateur*. El mundo lo ha cambiado la gente *amateur*. Es decir, gente que tenía otro trabajo y que podía dedicarse a lo que le gustaba, teniendo la parte económica satisfecha. La revolución industrial no es otra cosa que párrocos ingleses inventando máquinas. Los grandes literatos franceses de finales del siglo XIX eran funcionarios. Como yo no tengo esa pretensión de ganar dinero y me lo paso muy bien oficiando esas homilías... en el momento que no te importa el resultado te vuelves letal».

No cabe duda de que Santi se lo pasa muy bien, tiene la intención de ser entretenido, de no aburrir al personal y, por otra parte, no tiene pelos en la lengua. Pero esto no serviría de nada si no tuviera un ingrediente muy importante: credibilidad.

Además de ser aficionado a los vinos, ha sido campeón nacional de España en el concurso de cata a ciegas por equipo y fue finalista del concurso de cata a ciegas de Vila Viniteca, uno de los más reputados a nivel europeo. Él mismo confesó que, al principio, mucha gente creía que se trataba solamente de un tipo simpático que hablaba de vinos, por lo que bastantes seguidores no le tomaban en serio hasta que obtuvo estos reconocimientos que lo legitimaron como un experto.

Eso quiere decir que la cercanía, necesita unirse con la autoridad o el conocimiento en esa área. Esta combinación seguramente resonará en muchos talentos no profesionales que han dado el salto a la fama digital en los últimos años. Los *youtubers* se fundamentan en esta receta. Es gente que sabe de un tema y lo cuenta de una forma entretenida y cercana.

Para completar esta fórmula, hay que añadir un último factor y quién sabe si el más importante: la constancia. Tal vez el más difícil de adquirir, pues para ser constante en la producción de contenidos, ya sean semanales o diarios, hay que dedicarle muchas horas a este trabajo, que en la mayoría de las ocasiones no da rendimientos económicos hasta después de mucho tiempo.

Aquí es donde cobra importancia capital las circunstancias, como el amateurismo al que alude Santi. Su éxito no se dio de la noche a la mañana, sino después de años de forjar una reputación y de hacer cosas que derivaron en otras más grandes, como él mismo afirma: «Tú haces cosas y pasan cosas. Es como yo defino la vida».

Aprendizajes

- La divulgación hoy en día debe ser entretenida, teniendo en cuenta el escenario de competencia con el mundo del entretenimiento.
- La autenticidad y la cercanía son importantes, pero esto no sirve de nada si no conoces en profundidad tu tema.
- Una de las claves de tener éxito en lo que quieres es plantearlo desde un punto de vista *amateur*.
- En la mayoría de las ocasiones la creación de los contenidos no da rendimientos económicos hasta después de mucho tiempo
- Haces cosas y pasan cosas.

4. La comunicación periodística: Información y noticias para las nuevas generaciones. Ac2ality y Nanísimo

«A los jóvenes no les interesan las noticias». ¿Quién no ha escuchado esto alguna vez? Lo cierto es que los medios de comunicación tradicionales no conectan con las nuevas generaciones. Especialmente si hablamos de la actualidad.

Daniela McArena (de 25 años) dice que no ha comprado un periódico en papel en su vida, tal ha leído alguno porque se lo hayan dado algún periódico gratuito en el metro.

Daniela estaba estudiando Ciencias Políticas y no saber acceder a las noticias era un problema porque le encantaba estar informada, quería entender el mundo. Se frustró mucho al no comprender el conflicto entre Maduro y Guaidó en Venezuela o las elecciones *midterm* del mandato de Trump. «No había manera de entenderlo, me leía periódicos y periódicos, y es que no lo podía entender. Hasta que de repente vi un esquema hecho como de colegio —en la sección Verne de *El País*— y de un vistazo lo entendí, y pensé: ojalá todas las noticias fuesen así. Y ahí fue como surgió Ac2ality».

Ac2ality es el medio de comunicación en español con más seguidores en TikTok a nivel mundial. Daniela comenzó con una *newsletter* y una cuenta de Instagram, en la que explicaba las noticias a través de grafismos como los que vio en Verne.

Gabriela Campbell, otra de las integrantes de Ac2ality y que se define como «una friki de TikTok», le propuso que trasladaran las noticias a videos cortos y que los subieran a dicha plataforma. A Daniela al principio no le pareció muy buena idea. TikTok todavía se había extendido mucho y en general le parecía una plataforma poco adecuada para temas informativos, pero al final acordaron intentarlo. Tras algunas pruebas, dieron con el formato y, en poco tiempo, el fenómeno estalló.

Emilio Doménech —también conocido como @nanisimo— lo tiene claro, sabe que sus amigos treintañeros al abrir su navegador para buscar información (o para comprobar si tienen conexión a internet) van a teclear instintivamente «m-a-r-c-a-.-c-o-m» en lugar de «e-l-pa-i-s-.c-o-m» y sabe que es muy complicado conectar con ellos si *a priori* no les interesa lo que está pasando en el mundo.

¿Cómo conectar con ellos? Llega a través de las historias de Instagram, con un meme que habla de algo de actualidad, sobre Putin, por ejemplo. A partir de ahí puede hablar de Ucrania y de cómo el conflicto que estalló en guerra repercute en la economía personal y de repente le dicen «¡Tío, el tema es fascinante! ¿Por qué no me lo habías contado? ¿Por qué no me enteré antes?». Y la respuesta de Emilio es «Porque no lo hemos explicado bien. No se lo explicaba de una forma divertida cuando tiene una relevancia tremenda[7]».

Emilio Doménech es un *early adopter* de internet en toda regla. Es un periodista que después de especializarse en temas como fútbol o cine, decidió centrarse en la política estadounidense, especialmente desde que se fue a estudiar a Estados Unidos, cuando se acercaban las elecciones del 2016. Y visualizó cómo podía explicárselo al público español.

Así comenzó en las elecciones estadounidense del 2016, aumentó se seguidores con las del 2020 y alcanzó el primer pico de notoriedad con el asalto al Congreso de los Estados Unidos cometido por los seguidores de Donald Trump. Tras esto, Emilio Doménech se dio a conocer entre los medios de comunicación españoles por sus colaboraciones con *Newtral* y con La Sexta.

La percepción de los medios no es igual para quienes nacimos en el siglo XX y para quienes nacieron en un mundo que ya venía equipado con internet. Por esto es importante el enfoque generacional a la hora de tratar la información y los medios en los que se difunde.

Ac2ality es un medio que conecta con la generación Z (nacidos entre 1994 y 2010) y Emilio Doménech se autodefine como periodista *millennial* (los nacidos entre 1981 y 1993), generaciones para las que los medios tradicionales no han sabido conectar.

A los jóvenes les interesa la información, pero los medios de comunicación no están diseñados para ellos. La solución más práctica es utilizar los medios donde los jóvenes tienen su atención —es decir, las redes sociales— para difundir dicha información. Pero ¿cómo?

Cuando vio el éxito de Ac2ality, Emilio intentó hacer algo parecido a su estilo, aunque no le fue muy bien: «les decía a mis compañeros de equipo: vamos a hacer tiktoks, que duren un minuto, con un poco más de profundidad que otros medios, como puede ser Ac2ality. Se lo enseñaba a mis amigos y me decían después de diez segundos, ¡diez segundos!, ya me he aburrido, ya me has perdido. ¿Por qué te has metido a explicar un poco más esta noticia? ¿Por qué has usado este adjetivo? Y entendí que tienes que ser de escueto a la hora de dar tu información. También tienes que ser muy espectacular, muy carismático. Si no entiendes eso, si no entiendes cómo captar la atención y explicar lo que puedas en un cortísimo espacio de tiempo, no vas a llegar a toda la audiencia a la que te has propuesto llegar».

¿Cómo es ese componente de espectáculo? Medios como Ac2ality y periodistas como Emilio Doménech saben cómo conectar con sus generaciones. Según analiza Emilio, eso es lo que diferencia a Ac2ality, que se define como «muy interesante, pero también muy sencillo» porque bebe de las propias redes sociales y sus códigos y considera que es «muy importante a nivel generacional que nos identifiquemos y que sea a través de nuestra propia idiosincrasia, que conquistemos el resto (de audiencias)».

Un punto clave es dar información veraz pero que al mismo tiempo tenga «ese punto de vista subjetivo en el que yo soy muy honesto con mis opiniones políticas y te digo como veo el mundo. Me parece que esa forma de transmitir es mucho más *millenial* [...] Y por eso tenemos lectores *boomers* que nos dicen: "oye, me encanta lo que haces porque es superdiferente a todo lo que veo". Entonces apostemos por la identificación generacional».

Desde que arrancó Ac2ality en mayo de 2020 su crecimiento no ha parado. El primer objetivo de su equipo fue afianzar una audiencia, conseguir una comunidad de seguidores antes de pensar en modelos de negocio o diversificarse a otras plataformas. Por otra parte, han creado marca y han captado la atención de otros medios de comunicación que intentan imitar el formato y enfoques, aunque no han conseguido acercarse ni igualar su crecimiento.

¿Cuáles son las claves del éxito de Ac2ality? Según Daniela, Gabriela, Paula y María, se basa en traducir las noticias de forma visual y rápida para que no tengas que leer quince minutos para enterarte. Otro punto es el no asumir que los espectadores conocen ciertos conceptos, por lo que «siempre intentamos aclarar y de verdad explicarlo con palabras más fáciles». El formato que le ha dado éxito a Ac2ality se centra en dar cinco noticias en un clip de menos de treinta segundos; no intenta profundizar en ellas, sino informar de cuáles son los cinco temas que debes de saber antes de salir a la calle o de tomarte un café.

Para los temas que requieren una explicación mayor tienen episodios monográficos que, según cuentan, han sido los que han tenido mayor éxito en cuanto al número de visualizaciones o captación de atención.

En cuanto a valores de producción, los clips de Ac2ality son muy sencillos. Tan solo graban un plano de la presentadora de cada episodio haciendo el ademán de las cinco noticias o tal vez diciendo algunas líneas con una croma detrás. La mayoría de los clips tienen imágenes con texto editadas de una forma muy directa, sin prácticamente *motion graphics* o efectos visuales. Es una producción muy cruda, muy desnuda, y probablemente por lo mismo conecte más y mejor con los usuarios de TikTok. Los valores de producción importan menos que la cercanía.

A veces, son este tipo de conexiones las que nos permiten llegar a una audiencia más joven. Si haces cosas, pasan cosas. Luego toca generar una recurrencia.

Las bases de operaciones también varían de acuerdo con las generaciones. Emilio Doménech (@Nanisimo) nació y creció en Twitter, y desde ahí despliega múltiples formatos a través de distintas plataformas (Discord, Twitch, YouTube, Instagram, TikTok) y Ac2ality que partió de TikTok, y se expande también a Twitch, Instagram, Twitter, etc.). Es decir, los nuevos creadores piensan desde un inicio en modo transmedia. Cada plataforma les sirve para conectar con audiencias diferentes.

Además, Emilio saca provecho de su diferencia horaria, o más bien de todas las diferencias horarias de su equipo. Sus redactores y editores de video trabajan deslocalizados y repartidos entre Argentina, Estados Unidos y España. El equipo coordina sus labores de investigación, redacción, grabación y edición de contenidos. La máquina nunca duerme.

Ac2ality tampoco tiene una sede o una oficina, ellas están entre Madrid y Londres. Todas trabajan en remoto desde sus casas, donde investigan, escriben, graban, editan y distribuyen sus propios contenidos.

Honestidad y cercanía

¿Cuál es la clave para conectar? Emilio dice que «Está entre dos palabras, una es honestidad y la otra es autenticidad. Pero creo que la honestidad puede englobar a las dos porque al final, si tú eres honesto contigo mismo, vas a ser auténtico. Entonces la honestidad me parece importante desde el punto de vista periodístico, no porque estás siendo honesto con la información que estás compartiendo. Pero también la honestidad sobre tu persona, la autenticidad de ti mismo te ayuda. Te ayuda de alguna forma a transmitir la información de una forma que no estamos acostumbrados, quizá los medios de comunicación tradicionales, donde todo es más seco. No se ve a la persona detrás de la columna. A mí me importa que cuando consumas mi información me veas también a mí y sepas que te lo estoy compartiendo yo y que confíes en mí.

En cuanto a Ac2ality, Paula cree que debe hacer hincapié en la cercanía, que tiene que ver con el enfoque, pero también con la producción, ya que la gente valora que los contenidos los hagan ellas mismas, por lo que intentan «mejorar cada día el estilo de edición de los videos. Hacerlos cada vez más dinámicos o cercanos a mí. Queremos conseguir su atención en conseguir esa cercanía con nuestros seguidores, que es algo que, al final, la gente que nos sigue es porque quiere ver las noticias. Nadie se olvida ni un poquito de que al final somos cuatro chicas las que estamos ahí trabajando. Entonces queremos que nos conozcan y estamos poniendo también bastante esfuerzo en eso...».

Aprendizajes

- Tienes que ser escueto a la hora de cómo das tu información y también tienes que ser muy espectacular, carismático.
- Es muy importante que nos identifiquemos a nivel generacional y que sea a través de nuestra propia idiosincrasia, que conquistemos el resto de las audiencias.
- Contar noticias de forma visual y rápida de forma que no tengas que leer quince minutos para enterarte, y explicar las cosas con las palabras más fáciles
- Los valores de producción importan menos que la cercanía.
- Cada plataforma sirve para conectar con audiencias diferentes.

5. Nuevos formatos de comunicación. Pódcast: Dixo, Podimo y Podium

La tecnología siempre va delante de los contenidos. Los dispositivos evolucionan más rápido que los creadores. Los televisores 8 K ya están a la venta y sin embargo el catálogo de contenidos producidos en esa resolución es mínimo.

En 2001, Steve Jobs anunció el lanzamiento del iPod, un dispositivo para llevar las canciones compradas en iTunes a donde quisieras. Era la evolución del *discman*. Pero poco después se dio una variante: la gente comenzó a hacer grabaciones de voz, monólogos o conversaciones que se podían subir a iTunes, descargarse en el iPod y escucharse bajo demanda. A propósito del iPod, se les llamó pódcast.

Eran los albores de la web participativa, la web 2.0, en la que la gente descubrió que podía abrirse un blog, publicar sin filtros editoriales y conectar con otras personas. Después de publicar textos, se empezaron a subir fotos y poco después las llamadas feeds RSS podían soportar archivos de audio que se podían descargar y escuchar.

Al ver que Apple se iba a meter de lleno en estos contenidos, Dany Saadia —fundador de varias empresas de comunicación digital en México— intuyó que sería una buena apuesta meterse en ese negocio. Meses antes había cerrado la emisora de radio

Radioactivo 98.5 en la Ciudad de México. Radioactivo era una emisora de culto. No tenía espectadores, tenía fans que llegaron a organizar manifestaciones de protesta para que los dueños del grupo Imagen no cerraran la estación, si bien tenía una audiencia fidelizada, no tenía influencia en la agenda política. Que era lo que buscaban los propietarios del grupo en esos momentos.

Dany tuvo la visión de fichar a muchos de los locutores de Radioactivo, que una vez cerrada la estación tenían difícil encaje en otras emisoras con personalidades distintas y fundó Dixo, la primera plataforma de pódcast a nivel mundial. La primera etapa de Dixo se sustentó en este trasvase de atención de locutores de radio al mundo pódcast, donde además tenían más libertad, tanto en el formato como en los temas que podían tocar.

Sin embargo, Dixo y el pódcast como formato se mantuvieron en una alternativa. Como el propio Dany lo cuenta. «Fue una idea demasiado adelantada. Nosotros empezamos en 2005 y en Estados Unidos el pódcast se convirtió en algo *mainstream* en el 2014».

María Jesús Espinosa de los Monteros también empezó en los márgenes del audio digital. En 2012, junto con varios compañeros inspirados en Radio Ambulante, montó *El Extrarradio*, pódcast de periodismo narrativo de referencia en toda Latinoamérica. Un proyecto de radio digital que ganó varios premios incluido un Premio Ondas innovación radiofónica en 2014. Gracias a ese reconocimiento, fue invitada a un evento en el que coincidió con Enrique Vila San Juan.

María Jesús cuenta que «yo iba allí como de gurú y Vila San Juan me dijo: "Oye, pero ¿tú has escuchado *Serial*? Porque mi hija que vive en Estados Unidos lo está estudiando". Y yo dije: "Sí, sí, por supuesto". ¡Mentira! Y entonces esa noche en la habitación lo busqué y creo que escuché como tres o cuatro episodios seguidos. Ahí se me abrió el mundo. Fue como, no sé, como una epifanía. Dije, aquí hay algo, una forma de contar diferente que confluye. Es todo lo que a mí me gusta. No es como toda mi experiencia en narración fílmica con esa posibilidad de construir imágenes sonoras, la literatura, la voz. Esto es algo nuevo y bueno. Fue un momento superimportante, casual y muy, muy feliz realmente».

María Jesús comenzó a dirigir Podium Pódcast, la plataforma de pódcast del grupo Prisa, con la que ganó un segundo Premio Ondas, y después dirigió Prisa audio, donde tiene el objetivo de «audificar» todos los medios de dicha corporación, tanto los escritos, como *El País* o el *Diario AS*, como los nativos en audio, Cadena SER y Los 40 Principales, entre muchos otros.

Javier Celaya —quien en el momento de entrevistarlo era responsable de la expansión de Podimo en España y Latinoamérica— proviene del mundo literario. En los ya mencionados tiempos de la web 2.0 se posicionó como un referente digital del mundo editorial. De los libros electrónicos pasó al audio, donde lideró la internacionalización de la plataforma de audiolibros Storytel con gran éxito.

Fue entonces cuando en Dinamarca se fundó Podimo, y los socios —curtidos en la estela de plataformas de audio escandinavas, Spotify y Storytel— lo ficharon para encargarse de la expansión internacional de Podimo.

El *timming* de Podimo fue impecable, ya que durante el confinamiento de la pandemia se confirmó la puesta de largo del pódcast como formato *mainstream* a nivel mundial. La plataforma danesa levantó 24 millones de euros de financiación en plena pandemia, y desde entonces no ha dejado de crecer.

El pódcast llevaba sonando muchos años. Ya mencionamos que en la evolución de la web 2.0, de los blogs se pasó al audio y se empezaron hacer pódcast con los ya mencionados iPods, después surgió el videoblog. La evolución ha sido acorde a la facilidad de generar y distribuir archivos. Fue la primera gran oleada del *podcasting*.

Pero después cayó en un cierto letargo, en una especie de callejón alternativo. Dejó de captar nuevas atenciones y se convirtió en algo con algunos adeptos que creían en su enorme potencial. En 2014 apareció el pódcast policiaco *Serial*, que se convirtió en todo un *hit* en los Estados Unidos y acaparó la atención mediática que asentó el formato, al menos en aquel país.

El gran indicador de éxito de *Serial*, métricas de escucha aparte, es que fue parodiado en el programa de televisión *Saturday Night Live*. Lo cual le brindó más notoriedad al pódcast en particular y al pódcast como formato en general, que entonces dio el salto oficial al *mainstream*, para formar parte de la economía de la atención.

Cuando en 2020 la mayoría de la población mundial se quedó confinada en su casa por la pandemia, el salto del pódcast al *mainstream* mundial cuajó. Hay que decir que los grandes promotores del pódcast tomaron al principio la noticia del confinamiento como un pésimo augurio, ya que se pensaba que el pódcast era un formato perfecto para la itinerancia, para el movimiento (para escuchar en un paseo, en un trayecto en coche, tren o avión). En ese momento en el que no puedes fijar la atención en una página o en una pantalla.

Sin embargo, los meses de encierro fueron el perfecto caldo de cultivo para que la gente, encerrada, comenzase a redescubrir el pódcast. Lo más probable, es que la saturación de pantallas que se vivió en aquellos meses fuera el propulsor, aunque es posible que también haya sumado a esto la individualidad de la escucha que aporta el pódcast, y que en mi opinión es un valor diferencial del mismo. Y aquí es donde juega un papel muy importante en la economía de la atención.

Si bien el pódcast se puede escuchar perfectamente en público a través de altavoces, quienes ya se han aficionado a este formato saben que la mejor manera de escuchar un pódcast es con auriculares, y de preferencia en un ambiente con poco ruido, para poder dedicarle una atención de calidad.

La escucha de un pódcast es probablemente una de las formas de consumo más íntimas que puede haber. Con los auriculares puestos te sumerges en el universo que te propone la narración y que es solo para ti. Es la intimidad del relato, de quien te está contando la historia, que cuanto más íntimo y cercano sea el relato, seguramente, terminarás más enganchado, independientemente de si estás en soledad o rodeado de gente. Cuando llevas los auriculares puestos nadie sabe lo que estás escuchando. De hecho, a nadie le importa.

Puedes escuchar pódcast de comedia, de cocina e, incluso, un pódcast de canibalismo, y seguir caminando por la calle con la misma cara de tranquilidad.

Además, el solo hecho de tener los auriculares puestos ya genera en ocasiones una barrera visual, ya que la gente no interrumpe a una persona que los lleva puestos por la posibilidad de que esté hablando por teléfono. Una salvación.

El audio como lienzo creativo interminable

¿Qué es lo que hace diferente al pódcast de otros formatos? Pueden ser muchos factores, pero tal vez uno de los más interesantes sean las ilimitadas posibilidades creativas que proporciona al creador.

Dany Saadia era guionista y director de cine, y sabe lo complicado que es escribir un guion si piensas en cómo se producirá mientras escribes. «El ejemplo que siempre doy es que cuando tú escribes un guion para cine y pones: "Exterior. Desierto. Cinco elefantes caminan por un desierto...", sabes que eso va a representar mucho de tu presupuesto». Esto es crucial porque para filmar dicha escena hay que viajar hasta dar con una localización en un desierto, alquilarla, transportar a los elefantes y al equipo de producción hasta la localización, rodar los planos y llevar a los elefantes de vuelta. Y en el pódcast —remata Dany— dices cinco elefantes flotan en el espacio y ya lo tienes».

El pódcast tiene una cadencia de consumo peculiar. Según comenta Javier Celaya; «Tiene un ritmo diferente. Además, le puedes añadir todos los factores de valor añadido de un sonido y que, además, afortunadamente, es mucho más barato que el mundo audiovisual».

Hay una parte clave en el consumo del pódcast que tiene que ver con su consumo, pero la verdadera clave radica en la narrativa del audio y cómo conecta con nuestro cerebro, con nuestra inteligencia y emociones, que apela a los principios básicos de la comunicación. Como explica María Jesús Espinosa de los Monteros: «Yo creo realmente que el audio lo que apela es a la pantalla más importante que tenemos todos los seres humanos, que es nuestra imaginación y que es una pantalla única. Es una pantalla a través de la cual se desarrolla y se desencadenan toda una serie de imágenes a través del sonido que, en mi opinión, solo provoca la gran literatura».

Además de estas posibilidades creativas y comunicativas, el pódcast tiene la particularidad de generar nuevos espacios y momentos de consumo de contenidos. Diferentes a los ya existentes e incluso hablando de contenido radiofónico. Lo explica Celaya: «En todas estas plataformas de *streaming*, ya sean de música, de cine o de audio, tú tienes que hacerles un hueco en tu día a día. En el audio tú lo puedes combinar con otras cosas. Puedes estar haciendo la compra, paseando al perro, haciendo deporte. Por tanto, es más fácil encajar en tu día a día el hábito de escucha».

Los pódcast han ganado importantes cantidades de adeptos en los últimos años. Y tras esta creciente audiencia, igual que ha sucedido con otros medios, las marcas —con el olfato bien educado— están en proceso de aprender cómo funciona el medio, los formatos y la captación de la atención en este. Esto requiere un cambio de enfoque, del tradicional modelo de interrupción publicitaria, hacia el de la generación de escuchas a partir de contenidos relevantes. Como explica Andoni Orrantia: «Las marcas, en un contexto de transformación como el actual, lo que tienen que percibir es cómo mirar al público de otra forma, mirar lo que antes era su cliente, mirarle con ojos de audiencia. Es decir, lo que el *branded* pódcast permite a la marca es una construcción de una relación duradera en el tiempo».

El *branded* pódcast —igual que el *branded content* en general— sirve para generar una relación entre la marca y una persona a través de sus respectivos valores. Una vez entablada será más receptiva a recibir anuncios que hablen de los atributos de sus productos o servicios.

En la economía de la atención, el formato pódcast es solo uno más, dentro del gran universo de contenidos en audio que nos rodean cada día, como lo explica María Jesús Espinosa de los Monteros: «A mí el audio me interesa más porque entiendo que es un concepto más ancho, donde caben más cosas, donde lógicamente cabe el pódcast, que ahora es el formato en plena explosión y auge, pero donde entra también el audio social a través de apps como Twitter Spaces o Clubhouse, donde caben las voces algorítmicas, los *smart speakers*, los audiolibros, los audioartículos. Creo que hay todo un mundo en torno a la cultura del audio».

¿Cómo captamos la atención a través de un pódcast? Según los resultados de EncuestaPod, se extrajo la siguiente información:

> «Ninguno de nuestros episodios debería superar los 45 minutos, pero siempre intentando que duren el menor tiempo posible, ya que sabemos que quien nos escucha, en general, lo hace mientras ordena su casa, viaja a su trabajo, escuela o universidad y antes de irse a dormir. Pedirles a nuestros seguidores que mantengan la atención ininterrumpida por más de una hora nos parece una locura cuando competimos contra Netflix, YouTube, internet, las redes sociales, otros pódcast y la vida misma[8]».

Aprendizajes

- La tecnología siempre va delante de los contenidos. Los dispositivos evolucionan más rápido que los creadores.
- La saturación de pantallas, sumada a la intimidad del momento que implica la escucha, ha potenciado a los pódcast.
- El pódcast proporciona grandes posibilidades creativas a los creadores.
- El audio apela a la pantalla más importante que tenemos, la imaginación.
- El pódcast ha generado nuevos espacios y momentos de consumo de contenidos, diferentes a los existentes. Incluso hablando de contenido radiofónico.

6. Comunicación educativa. Jose Andrés Torres Mora y Tíscar Lara

Los contenidos educativos también forman parte de la economía de la atención y parten con desventaja en contra de sus competidores más comerciales, libres y lúdicos. La adecuación de los métodos educativos tradicionales a esta nueva realidad es clave para que sus contenidos consigan hacerse un hueco y conectar.

Los alumnos y los móviles

José Andrés Torres Mora volvió a su cátedra en la Universidad Complutense después de 18 años como diputado en el Congreso. En estos dos sitios se compite por la atención de formas muy diferentes. José Andrés fue una de las primeras personas con las que hablé sobre la economía de la atención, justo cuando iniciaba este proyecto. Era un tema que le interesaba mucho y me contó la siguiente historia con la que explica cómo funciona la batalla de la atención en las aulas:

> «Un día, vi salir al profesor que me precedía en el aula bastante indignado. Entré en clase y le pregunté a los estudiantes qué le habían hecho. A lo que ellos me respondieron que se había disgustado mucho porque mientras él estaba explicando, ellos estaban con el móvil.

Y les respondí: "Bueno, pues conmigo no estáis con el móvil" a lo que rebatieron: "Bueno, pero es que tú no pasas lista. Es decir, tú no nos obligas a asistir a tu clase. Entonces, los que nos aburrimos nos vamos y no tenemos que hacer como que nos interesa".

Terminé mi clase y me encontré con el profesor. Me preguntó que cómo hacía. Le di mi consejo: que no pasaba lista, por lo que no obligaba a nadie a escucharme. Si no quieren escucharme es que no suscito su interés, le dije.

Lo cierto, le dije, es que es muy difícil conseguir el interés de personas acostumbradas a que se pague mucho dinero por su interés. Un minuto de producción audiovisual o de un anuncio, un minuto de una película puede estar por encima de los cien mil euros.

Tenemos que competir por una atención que es muy cara, debes tener una imaginación desbordante y poner una pasión tremenda para competir y producir todas las semanas casi tres horas de atención, es muy complicado. Y, por lo tanto, le dije: lo tenemos difícil[9]».

Las instituciones académicas se encuentran en constante transformación para mantener la atención de los alumnos y generar vínculos con mentes hiperestimuladas por empresas de entretenimiento. ¿Cómo conseguir la atención de estas mentes? ¿Cómo competir contra estos estímulos? Resulta una tarea titánica ponerse a la altura del atractivo de contenidos diseñados para arrebatar esa atención, arropados por algoritmos que sintetizan temáticas, formatos, duraciones, hora de emisión o consumo. Este es el panorama.

Un docente ya no puede afrontar una clase o una asignatura como una simple transmisión de información. La enseñanza ya no puede limitarse a abrir un libro o una presentación de PowerPoint y leer frente al grupo. Debe tener en cuenta el entorno multiplataforma y bidireccional en el que viven los alumnos para encontrar estímulos y motivaciones para el aprendizaje. La clase debe ser una experiencia en sí, mientras que la información, los datos, se pueden conseguir en internet. Es clave ser conscientes de los límites de la atención sostenida.

La proliferación de las videoconferencias en los últimos años se ha reflejado en la cantidad, ya no de clases, sino de programas enteros que se imparten por esta vía, lo cual dificulta aún más el obtener esa atención y por lo tanto el aprendizaje. Como lo comenta Daniel Innerarity:

«Creo que, en materia de educación, cuanto más joven sea [el alumnado] o más bajo sea el nivel educativo, más importante es la presencialidad. Porque los chavales necesitan el patio, necesitan el contacto que hay en los centros. Sin embargo, en los niveles más elevados, digamos de carrera universitaria o de máster, creo que deja de ser tan relevante.

Además de las videoconferencias, han proliferado cursos o programas en video bajo demanda que, si bien tienen un alto índice de consumo y han sustentado grandes negocios, queda por ver su efectividad como método de enseñanza. Como lo comenta Mauricio Cabrera, creador y analista de medios: "Está comprobado que los cursos bajo demanda de ver videos y ya con eso vas a estar listo, no funcionan. ¿Por qué? Porque no tienen los pasos necesarios para que se convierta en un acervo que de verdad se va con la persona. Y ahí nosotros tenemos que crearnos mapas mentales para decir de qué manera yo estas cinco notas que leí y que juro que le puse toda la atención, las convierto en un activo».

Incluso si hablamos de clases presenciales, hay obstáculos por superar como la presencia de los dispositivos móviles como afirma Esther Paniagua: «Se ha demostrado que la mera presencia del móvil reduce la capacidad cognitiva de los alumnos, y que quienes se distraen con el *smartphone* en clase tienden a tomar notas de menor calidad, retener menos información y obtener peores resultados en los exámenes. Los propios estudiantes reconocen que usar el teléfono en horario lectivo disminuye su capacidad para prestar atención. Incluso distrae a otros estudiantes cercanos, aunque estos no estén usando sus móviles[10]».

Claves para dar una clase en la economía de la atención

Una clase de una hora y media. O una charla de treinta minutos, da igual la duración, Cuando me toca enfrentarme a una audiencia en directo que me va a prestar su atención durante un tiempo continuado, me tomo el asunto como un reto, una cuestión de entretenimiento. Lo sé perfectamente porque como yo mismo tengo déficit de atención e hiperactividad, soy el primero que en la segunda frase que no me enganche saco la antena y mi mente se va a otro sitio. O saco el móvil para ver cualquier cosa.

Cuando me toca estar en el escenario me tomo como un reto el tener la atención de la gente. Intento hilar un discurso entretenido, dinámico, proyecto vídeos o imágenes llamativas y trato de estar continuamente en movimiento, no paro de caminar de un lado a otro de la tarima (esto tiene que ver con mi propia hiperactividad). Suelo comenzar mis clases preguntando cosas a los alumnos, tal vez sobre temas que no tengan que ver en clase, y después enfoco las preguntas en sus expectativas tanto del programa como de la sesión de turno (lo que me sirve para reforzar los temas que se vayan a tratar en la clase). Es verdad que nunca falta el que saca el móvil o el que abre su portátil durante la charla —esto ya es inevitable y no solo entre el público más joven— o incluso alguien que se echa una cabezadita. No hay rencor, a mí también me ha pasado.

Cada pocos minutos, pregunto a cualquier alumno sobre el tema que estemos hablando. Esto les mantiene alerta porque saben que en cualquier momento puede caerles una pregunta.

Sé también que debo incluir algún vídeo de algún caso de estudio, metodología, *videopitch* —cualquier cosa que sea potente y que les sirva de descanso de mi propio discurso—. Suelo incluir dinámicas de juego de rol, sesiones de creatividad y las subsecuentes exposiciones de sus respectivos ejercicios realizados en clase que en principio mantienen a los alumnos atentos y participativos.

Trato de buscar pretextos para cambiarlos de sitio, hacer que se levanten de su asiento. Los alumnos suelen sentarse en el mismo asiento o al menos en la misma zona del aula durante todo el curso, todos los días. Moverlos también cambia su perspectiva, les obliga a interactuar con personas diferentes, les despierta.

Puedo decir, con suficiente confianza, que no me va mal. Modestia aparte, no es raro que termine una clase y que los alumnos aplaudan. No recuerdo haber hecho esto muchas veces en mi época como alumno. Como suelo afrontar las clases y charlas de esta forma, es común que al terminar las mismas me encuentre agotado. Pienso entonces cómo lo harán los profesores que tienen que dar clases todos los días y mantienen la atención de sus alumnos durante horas, contando una y otra vez lo mismo.

Esto lo explica perfectamente José Andrés Torres Mora: «competimos con gente que hace una inversión muy potente en la atención. Y claro, no es tan fácil. Debes tener una imaginación desbordante y poner una pasión tremenda para competir y, claro, producir todas las semanas. Casi tres horas de atención es muy complicado». Menos mal que yo no me dedico solo a esto y doy una clase aquí y una charla allá de vez en cuando.

Por esto, las clases o charlas por videoconferencia me resultan tan frustrantes y agotadoras. En estas, la interacción se anula prácticamente y es imposible percibir la retroalimentación física o gestual de la audiencia. Si digo un dato sorprendente, si intento una frase graciosa, si hago una pausa dramática, la pantalla llena de cuadros negros —que representan a los alumnos asistentes a la case y que normalmente tienen su cámara apagada— da la misma respuesta: ninguna.

En mi experiencia, una cantidad de tiempo que permite mantener la atención de manera continuada son noventa minutos, pero se está experimentando con segmentos más cortos con estudiantes más jóvenes. Si una clase dura cincuenta minutos, se divide en cinco intervalos de diez minutos separados por una charla abierta entre cada uno de ellos, de manera que los alumnos no están con la atención fija en el docente mucho tiempo.

De ahí también el éxito de plataformas de formación como Coursera o Platzi en las que se ofrecen minicursos muy específicos segmentados en temas o clases, que van desde los dos hasta los treinta minutos de duración. No existe una duración estándar para cada lección, cada una se adapta a lo que se necesita contar. En plataformas como Udemy y Domestika, hay clases de cinco minutos e, incluso, de menos.

En general, la autogestión del tiempo y la atención son características de formas actuales de aprendizaje, como los MOOC (*massive open online course*) o los *bootcamp*[11]. La gestión de la atención es un tema clave para la adaptación de la educación ya no al nuevo entorno digital, sino a los alumnos nacidos en este siglo. Incluso es posible que las clases dejen de impartirse en directo, si esto no le aporta valor al alumno que apaga su cámara y se pone a jugar un videojuego o a cocinar, qué mejor que apuntarse a un curso al que se puede asistir (o consumir) bajo demanda a la hora cada uno esté más activo, tenga mejor atención y, de paso, dejamos de torturar a profesores para que den clases frente a pantallas de ordenador que no dan retroalimentación alguna.

En cualquier caso, la educación a distancia o no presencial y asíncrona es una ventaja, por eso es necesario repensar muchos de los estamentos en los que se basa la academia para adecuarse al entorno digital y a la economía de la atención.

¿Cómo lograr esta adecuación, esta evolución? Tíscar Lara[12] lleva trabajando en estos procesos durante muchos años que, como ella comenta, se desarrolla desde hace tiempo, solo que ahora es más urgente saber cómo incorporar los elementos del entretenimiento y usarlos a favor de la educación, con objetivos pedagógicos.

> «No está reñido con que algo sea motivador, que conecte contigo, que sea ameno, divertido. ¿Por qué no puede ser divertido un contenido educativo? Tradicionalmente se ha asociado a lo racional. Parece que tiene que ser algo serio y no es así. Y ahí hay una línea que es el componente emocional, que tenemos que ver la manera de trabajarlo mejor desde el campo de la educación, porque es esa llave que te despierta, que hace que te interese algo porque está hablando de ti, porque te sirve a ti, porque te es útil.
>
> Entonces hay que conseguir hacer ese puente para desarrollar esas metodologías y que esos contenidos sean entretenidos, que sean interesantes, que sean divertidos. ¿Por qué no? Y ahí hace falta un trabajo de guionización, de narrativa, juntar perfiles interdisciplinares e interesantes. Hay mucho que hacer por ahí en términos de diseño de la experiencia».

El reto de la educación es grandísimo, compite por la atención contra grandes presupuestos, contra los mejores guionistas, pero también contra la resistencia del lado más clásico de la academia que está acostumbrada a una enseñanza con aires más solemnes y no contempla este nuevo contexto. Hay mucho por aprender.

Aprendizajes

- No obligues a nadie a escucharte, es contraproducente.
- Una clase debe ser una experiencia en sí. La información, los datos, se pueden conseguir en internet.
- Hace falta tener una imaginación desbordante y pasión para competir y producir de forma constante.
- Las clases no pueden ser unidireccionales. Involucra a tus alumnos, hazles preguntas, plantea ejercicios, cámbiales de sitio, dinamiza.
- El componente emocional es esa llave que te despierta, que hace que te interese algo porque está hablando de ti, porque te sirve a ti, porque te es útil.

7. Televisión: La pantalla donde convergen los mundos. Alberto Fernández

Yo que me conozco bien —a mí y a mi déficit de atención e hiperactividad—, cuando entro en un restaurante o un bar donde haya una televisión, trato de ponerme de espaldas a la pantalla. De lo contrario, mis ojos, mi atención, acaban siendo aspiradas por la pantalla. Es irremediable.

La televisión ha sido el mejor medio para captar la atención de la historia, aunque en sí, la televisión es y ha sido muchas cosas diversas, y, por lo tanto, merece un capítulo aparte. Podríamos quedarnos en la superficie y pensar que captar la atención desde la televisión es fácil, pero es todo lo contrario. Es donde más competencia hay. Y es acérrima.

A principios del siglo XXI, con la irrupción de internet, se habló y se escribió mucho de que internet acabaría con la televisión. Como lo describe Paco Asensi: «Se suponía que el día en que entró internet por la puerta del hogar para sentarse en algún rincón desde el que reinar como la pantalla principal, la televisión saldría por la ventana. O tal vez, en un sentido más preciso, dejaría de ser la ventana. Pero no ha sucedido exactamente así».

Muy en su línea, los medios o blogs anglosajones solían referirse a internet como el *television killer*, la cosa nueva que sustituiría a la anterior. La devoraría. Sin embargo, lo que al parecer ha sucedido es que ha sido la televisión la que se ha comido a internet, pero no para acabar con él sino para nutrirse de este. Como Popeye cuando se comía una lata de espinacas. La televisión no solo no murió con la llegada de internet, sino que se hizo más fuerte con la conectividad.

La televisión ha pasado de ser un aparatoso electrodoméstico que ocupaba el centro de los salones de las casas a mediados y finales del siglo XX, que reunía a familias enteras a su alrededor durante varias horas, etc. Ahora está reforzada con la conectividad, no solo para ver programas de televisión sino para consumir todo tipo de contenidos.

Además, las pantallas se han expandido desde el salón. Se han colado en todas las habitaciones de la casa, llegando a incluir, hasta la cocina y el baño, en forma de pantallas de televisión, pero también ordenadores portátiles, tabletas y teléfonos móviles. Hace no muchos años nos habría parecido una excentricidad el que alguien tuviera una televisión frente al WC. Ahora somos nosotros quienes la llevamos en nuestras manos.

La televisión se ha colado también en nuestras oficinas, en nuestros espacios laborales. Los ordenadores en los que trabajamos son televisiones y centros de entretenimiento.

Todavía recuerdo, allá por 2011, un lunes cuando salía de mi oficina para ir a comer, vi que una chica, que entonces era becaria, se disponía a ver el episodio que se había estrenado la noche anterior en Estados Unidos (la madrugada del lunes para España). Se había traído un sándwich a la oficina e iba a aprovechar su hora de comida para ver el episodio en el monitor de su ordenador, de unas 15 pulgadas. Le pregunté por qué no esperaba a la noche para verlo en su casa en una pantalla decente, y me dijo que no podía esperar, que necesitaba verlo ya.

La televisión se nutre de y acompaña a otras pantallas. Puede ser la primera pantalla, si estamos viendo un programa que al mismo tiempo queremos comentar a través de las redes sociales. Y también puede ser segunda pantalla, si estamos realizando alguna actividad y queremos que en el fondo haya algunas imágenes y sonidos que nos acompañen, que rompan el silencio.

La televisión no solamente está en la casa y la oficina, nos acompaña en lugares públicos. Está también en el bar, el tren y en el avión. En este capítulo vamos a ver los diferentes matices de las diferentes televisiones y las respectivas atenciones que capta.

El antiguo pacto de la televisión en el paradigma *broadcast*

En el mundo de los medios masivos que nos obligaban a adaptarnos a sus programaciones diarias, el trato del intercambio de atención en el mundo de la televisión era el siguiente: la televisión nos daba entretenimiento gratuito a cambio de que nosotros prestásemos atención a los mensajes de los patrocinadores de ese contenido gratuito. Esos anuncios venían debidamente empaquetados en varios cortes comerciales repartidos a lo largo del contenido que nos interesaba.

Este modelo se resiste a morir. Primero, porque la televisión lineal todavía capta muy buenas cuotas de atención, y también porque tal vez no hemos sabido responder a los tiempos con una fórmula que concilie a las marcas y las audiencias mejor que un anuncio. Es posible que los anuncios sobrevivan por eso, por no ser demasiado molestos. Un mal menor que soporta todavía a la industria publicitaria.

Los anuncios se han colado hasta el mundo *on demand* y, han invadido territorios otrora inexpugnables como las grandes plataformas de SVOD (por sus siglas en inglés, vídeo bajo demanda con suscripción) como es el caso de Netflix, Amazon Prime Video o HBO.

Los programas televisivos del mundo *broadcast* estaban diseñados para mantener nuestra atención y que durante la interrupción comercial nosotros tengamos la motivación suficiente para aguantar hasta que terminen los anuncios para seguir viendo el programa en cuestión. Los programas hechos en el continente americano están hechos para convivir y propiciar un mayor número de cortes breves (de unos 2 o 3 minutos), mientras que los europeos contemplan menos cortes, pero mucho más largos, de entre 10 y 12 minutos.

Esto ha cambiado radicalmente la concepción y creación de los programas para plataformas en las que no hay cortes comerciales. Tal vez el ejemplo más claro de esto sea la serie *La Casa de Papel*, de la que hablaremos más adelante.

En este modelo de entretenimiento gratuito, la aparición del mando a distancia supuso el primer caso claro de empoderamiento del usuario, permitiéndole evitar la publicidad y sortear el modelo.

El nuevo pacto de la televisión en el mundo bajo demanda

Cuando la televisión dejó de ser lineal y se convirtió en un medio *on demand con* la popularización de las plataformas de SVOD, las marcas se quedaron fuera de la jugada. El buque insignia Netflix propuso un nuevo pacto: pagas una suscripción mensual y tienes todo el contenido de la plataforma a tu disposición, todo libre de anuncios. La televisión deja de ser gratis, pero cuesta lo que un par de billetes de cine con lo que puedes ver una galería gigantesca de contenidos y, como estás pagando una suscripción *premium*, no hay anuncios.

Y no solo eso, sino que cada vez que entres a la plataforma vas a tener alguna propuesta nueva de contenido.

El atracón como signo de los tiempos

Una de las características del consumo televisivo en plataformas bajo demanda es la posibilidad de hacer una maratón, ver varios episodios de una misma serie uno tras otro.

Este tipo de consumo nació oficialmente con el estreno de la primera temporada de *House of Cards*, que se estrenó el 1 de febrero de 2013 completa y ene un fin de semana rompió todos los récords de consumo previos.

Actualmente, la maratón o *binge watching*, ya es un estándar en el mercado, y lo extraño es que un contenido seriado se estrene capítulo a capítulo con una semana de separación, que fue lo habitual durante décadas en el mundo *broadcast*.

Sin embargo, este tipo de consumo resulta particularmente peculiar en un momento en el que nuestra atención está fragmentada, y en el que buscamos ver contenidos cortos y dar saltos de uno a otro sin parar. ¿Por qué nos quedamos tardes y noches enteras viendo episodio tras episodio de una serie sin parar? ¿Cómo se consigue esto?

La novela *A pair if blue eyes*, escrita por el británico Thomas Hardy en 1873 consta de cuarenta capítulos. Casi a la mitad del libro, Knight, el protagonista, intenta salvar a la bella Elfride de caer por un acantilado, resbala y está a punto de caer por el mismo risco. Por suerte para el protagonista, este consigue sujetarse a una roca. Knight y Elfride debaten sobre si ella debe ir a buscar ayuda o si cuando ella vuelva será demasiado tarde. Finalmente, después de mirar alrededor, Elfride desaparece sin decir nada, dejando solo a Knight colgando del acantilado. Así termina el capítulo.

Esta escena es la que le da nombre a uno de los recursos narrativos más importantes de la televisión del siglo XXI, el *cliffhanger*[13] que traducido directamente significa 'un colgante de acantilado'. Una mano que se agarra una roca y nos deja en vilo sin saber qué va a pasar a continuación, en resumen, un momento de suspense incontenible.

La lógica de la adicción

¿Cuál es la razón para que hoy en día, que tenemos nula tolerancia a los contenidos que no sean hiperbreves, inmediatos e hiperestimulantes, decidamos que nuestro plan para la tarde, noche o madrugada sea armarnos con una mantita y vernos tres, cuatro, siete episodios de una serie de golpe? La receta es que cada episodio de una serie se compone de varios segmentos cortos —subtramas de unos pocos minutos— que terminan con un pequeño *cliffhanger*.

La estructura se basa en concatenar estos pequeños paquetes narrativos que terminan con ese momento de suspense, y que al final del episodio son coronados por un gran *cliffhanger*, cuyo objetivo es hacer que sea inevitable saltar al siguiente episodio para saber qué va a pasar a continuación. Así lo explica Álex Pina, creador de *La Casa de Papel*:

> «La serie en consumo compulsivo funciona mejor que en consumo fraccionado porque la publicidad y el semana a semana hace que tú no tengas esa ansiedad de tiempo interno que tiene la serie, es decir, no te metes dentro. Además, *La Casa de Papel* funciona en tiempos muy cortos. La experiencia del espectador es mucho más bestia en consumo compulsivo y más adictiva, lógicamente[14]».

En esta línea, otro de los factores claves es que ante la abrumadora cantidad de ofertas de series que tenemos resulta más difícil que nunca decidirnos por una, eso es la llamada fatiga de decisión, que provoca que cuando encontramos una serie que nos satisface la adoptemos y la exprimamos hasta el final, como explica Neira: «Cuando una persona encuentra una serie que le gusta, siente una oleada de placer en todo su cuerpo que dice "ya tengo solucionado el entretenimiento". Y si ves que tiene muchas temporadas y te está gustando, entonces ya es fantasía[15]».

Entonces, el éxito de una serie se mide no solo por la cantidad de gente que pueda atraer, sino también por la cantidad de horas por sesión que dedique esta gente a ver el contenido, en el menor tiempo posible. Importa más la capacidad de enganche que cualquier otra cosa. Estoy enganchado a tal serie. Dopaminazo efímero cual enamoramiento de verano. Y una vez consumida la serie en cuestión se reinicia el ciclo, hay que superar la fatiga de decisión hasta encontrar un nuevo platillo con el cual atiborrarse, o una nueva droga a la que engancharse. Lo que denomina Elena Neira «bulimia audiovisual[16]».

Así es como, con ayuda de los datos procesados por los algoritmos, se deciden las nuevas producciones, las nuevas historias que vamos a deglutir. Estos nuevos productos están determinados por esas trazas de decisiones que hemos dejado con el objetivo de enganchar más que sus antecesores, todo esto soportado por millones de dólares de presupuestos encaminados a atraer a más suscriptores. Como concluye Neira: «Y ese es el gran reproche que se ha hecho a Netflix. Que esté en esta obsesión por fidelizar, en esta obsesión por tener nuestra atención que es su principal negocio y no la proporción del contenido de calidad. Por eso hace productos cada vez más complacientes en base a lo que nosotros le hemos dicho con nuestros datos, qué es lo que nos gusta y qué es lo que queremos[17]».

Los nuevos formatos y el contexto Netflix

Si bien las plataformas como Netflix diseñan y producen cada vez mejores contenidos, también adquieren y dan vida nueva a contenidos previamente producidos. Series como *Friends* y *Los Serrano*, hechas en un contexto *broadcast* han resucitado en el mundo digital y captado la atención de nuevas generaciones digitales. Y es que el contexto y el alcance de la plataforma digital global tiene mucho que aportar.

Tal fue el caso de la serie *La Casa de Papel*, que fue producida y estrenada en Antena3 y cuyo pase en televisión lineal tuvo un éxito moderado. Hasta que meses después fue adquirida por Netflix, donde se reeditó para reducir la duración de sus episodios de los setenta minutos originales a capítulos de cuarenta y cinco minutos, y alargaron el número de episodios de nueve a trece. La serie fue publicada en la plataforma y estalló, no solo en España sino en varios países hispanoparlantes e incluso Italia, Francia, Reino Unido y Estados Unidos. Otro contexto para unos, un mayor alcance para otros.

Pero en este contexto de alta tecnología y altísimos presupuestos en la arena de la televisión digital, hay también otros jugadores que tienen que competir por la atención con menos recursos económicos y tecnológicos, pero también con otros objetivos. Tal es el caso de televisiones públicas como RTVE que en los últimos años ha lanzado dos plataformas digitales con el objetivo de comunicar en los entornos digitales (Playz, enfocada a la generación Z y con espíritu multiplataforma, y RTVE Play, una plataforma OTT que aglutina todos los contenidos de RTVE y produce contenidos propios).

Con muchos menos recursos, la televisión pública española se hace un hueco el escenario digital, gracias a que no necesitan rentabilizar de inmediato cada segundo de atención, como lo explica

Alberto Fernández, director del área de Contenidos de Plataformas Digitales de RTVE: «Una de las ventajas de tener una televisión pública es que no tienes por qué conseguir una rentabilidad a corto plazo. Lo que haces puede tener más margen para experimentar, crecer y ganar con esa experiencia muchas cosas con respecto a tus competidores. Es decir, el hecho mismo de ser público también te permite ir a espacios que en ese momento no son rentables, pero pueden llegar a serlo en un momento dado».

Esto se ha traducido en diferentes casos de éxito que ha tenido RTVE desde su trinchera digital, como pueden ser la serie interactiva *Si fueras tú*, la serie de ficción *Boca Norte*, el programa de debate *GEN Playz* y docuseries como *Edelweiss* y *Lucía en La Telaraña*.

El caso más destacable en términos de captación de atención puede que sea Gen Playz, que en su propia descripción reza: «un nuevo espacio de debate, palique, tendencia, bastante meme y que dará bastante de que hablar, donde abrimos hilo y no cancelamos» y que es conducido por Inés Hernand. El objetivo poner sobre la mesa temas que interesan a la Generación Z y que no suelen llegar a los titulares de los medios de comunicación más *mainstream*. Titulares como *Focus Group: ¿Cómo es vivir teniendo altas capacidades?*, ¿Nos depilamos por estética o por presión social? y *MDMA: ¿Por qué ha aumentado su consumo en España?*, en pocos días obtuvieron 135 mil visualizaciones en la web de RTVE.

En esta misma línea de ideas, otra fórmula es la de hacer contenidos acotados a un ámbito local (por temáticas, personajes, ámbito geográfico) pero que al mismo tiempo tengan una proyección global (por valores de producción, *casting* y talento artístico). Es esta mirada *glocal* con la que triunfó *La Casa de Papel*, pero también *La casa de las flores* y *El juego del calamar*, que marcaron el ritmo de muchas plataformas y productoras.

Así lo explica Laura Abril, directora ejecutiva del área de Ficción y Desarrollo de Negocio Global de Buendía Estudios: «si logras que una historia funcione a nivel local, ese universo puede trasladarse a todos los países, porque al final hablas de emociones, hablas de una cierta universalidad, que yo creo que se puede consumir muy bien en cualquier punto del globo. Y luego hay un componente muy sencillo. El tema idiomático. Eso lo vemos mucho en España con nuestros colegas de Latinoamérica». Desde luego, si a la facilidad de viaje de los contenidos que da el plano digital le añadimos el mercado de seiscientos millones de personas de habla hispana alrededor del mundo, se encuentra un escenario muy interesante para la proliferación y expansión de las audiencias.

Mónika Revilla, guionista de *La casa de las flores* explica el enfoque y el éxito de la serie: «Netflix es muy de localización. Es muy de "a los mexicanos les vamos a dar lo que les gusta a los mexicanos". Entonces, por ejemplo, en ese sentido, *Netflix Latam* es muy melodrama, mientras que *Netflix Korea* será otra cosa completamente distinta. Y eso es porque también tienen mucho que ver con sus algoritmos y lo que gusta a nivel local. Porque en su manera de pensar, por ejemplo, la gente latinoamericana que quisiera ver algo como *House of Cards*, *Orange is the new black o Stranger things* ya lo tienen. Entonces es como para atraer a la gente que antes veía Televisa y en ese sentido siempre buscan reemplazar lo que los latinoamericanos han visto tradicionalmente. Y eso lo hacen en todas partes».

Aprendizajes

- La televisión no murió con la llegada de internet. Se hizo más fuerte con la conectividad.
- Gracias a internet, la televisión está presente en muchos lugares donde antes no llegaba: en medios de transporte, en la oficina, en el baño...
- Cada episodio de una serie se compone de varios segmentos cortos que terminan con un pequeño *cliffhanger*.
- Las plataformas diseñan y producen contenidos más complacientes, ya que a través del algoritmo saben que es lo que nos va a gustar y se ciñen a eso, cada vez corren menos riesgos
- Hay también otros jugadores que tienen que competir por la atención con menos recursos económicos y tecnológicos, pero también con otros objetivos
- Si logras que una historia funcione a nivel local, ese universo puede trasladarse a todos los países, porque al final hablas de emociones universales.

8. Las marcas y su nuevo rol en la economía de la atención

Las marcas han estado siempre en la punta de la pirámide de la economía de la atención. Con la chequera siempre lista para pagar a buen precio la atención obtenida por medios de comunicación de todo tipo: la prensa, la radio, el cine, la televisión e internet. La historia misma de estos medios se puede contar por la atención que han podido captar y los negocios multimillonarios que se han generado a partir de esta.

De esto trata precisamente el libro *The Attention Merchants* de Tim Wu, que detalla la historia de la economía de la atención a través de los medios, uno a uno, y como a medida que nos acercamos a la actualidad, vemos como las marcas van perdiendo peso y relevancia, mientras que las plataformas de contenido por suscripción ganan.

Se trataba de una rueda perfecta, como la describe Pablo Muñoz, vicepresidente ejecutivo de la BCMA (Branded Content Marketing Association) España: «Los medios tenían una audiencia porque le proveían de contenidos relevantes atractivos a esa audiencia. Les alquilaban esa audiencia a las marcas y con el dinero obtenido de la publicidad de las marcas compraban más y mejor contenido que hacía generar más audiencia. Y esa rueda era un círculo perfecto[18]».

Dicho círculo se empezó a trastocar cuando a finales de la primera década del siglo XXI, se empezaron a suceder varios golpes de realidad para las marcas: Spotify, como medio disruptor, fue un parteaguas en el consumo de la música, pero sobre todo puso de manifiesto que los anuncios estorban y que, si tanto te molestan, puedes pagar por una suscripción *premium* y estos desaparecen de tu vida.

Las extensiones para los navegadores de internet que bloquean los anuncios de los sitios web, causaron furor entre los usuarios, porque con dos clics no solo evitas los *banners* y demás formatos de *display* intrusivo, sino que nos permitían (como el mando a distancia que comentábamos antes), de nuevo sortear el modelo de anuncios hasta ahora, inevitables.

Y luego llegó Netflix y las plataformas de SVOD, que en sus orígenes se convirtieron en territorio vetado para las marcas y su manifestación más tradicional: el anuncio que interrumpe la película que quiero ver.

Es a partir de estos momentos, de estos golpes de realidad, en el que las marcas se empiezan a percibir un tanto fuera de juego. Ya no tenían el mando, la gente rechazaba la publicidad abiertamente. Las nuevas generaciones ya ni entienden qué es un anuncio ni para que sirve y en el plano de negocio, hay modelos nuevos que pueden subsistir y muy bien sin ayuda de las marcas.

Las marcas quieren estar naturalmente en los sitios donde está la atención y estos son impermeables a ellas. Y es entonces cuando se dan cuenta de que para competir por esta atención que se capta en los lugares en los que ellas no llegan, deben ser relevantes. Y ¿qué es la relevancia? Pablo Muñoz, vicepresidente de la BCMA (Branded Content Marketing Association) la define así: «Relevante es atracción. Relevante es aquello a lo que la audiencia quiere dedicar su tiempo de manera voluntaria. Competimos por el tiempo de atención de la gente. Vivimos, como te decía antes, un momento de sobresaturación, de estímulos, de contenidos. Y es la propia audiencia la que decide qué es relevante y a qué le dedica su tiempo. Las marcas tienen que pelear por eso. Su competidor no son las otras marcas. Su competidor es la industria del entretenimiento».

Es decir, en el nuevo escenario, en el paradigma bajo demanda, las marcas deben dejar de pensar en interrumpir la película que queremos ver, y hacer una película mejor, un contenido que nos atraiga más para que decidamos poner nuestra atención en ello.

En esta traslación del paradigma *broadcast* al paradigma *on demand*, florece la disciplina del *branded content*, es decir, contenidos producidos o coproducidos por las marcas y que sirven para conectar y trasladar sus valores a una audiencia que elige consumir dicho contenido.

El problema del *branded content* es que se ha popularizado como una etiqueta publicitaria y al ponerse de moda no ha sido difícil que los contenidos publicitarios con una pátina de narrativa se vendan como tal. La diferenciación en este caso radica en saber cuándo y para qué se utiliza el *branded content*.

Los anuncios publicitarios sirven para resaltar los atributos de un producto o servicio, con el objetivo de conseguir una venta. El problema es que estos anuncios o bien no tienen cabida en las plataformas digitales donde está la atención de los usuarios o son directamente rechazados por los mismos.

De ahí que se necesite generar una relación previa con los usuarios y los contenidos, que por sus características sean realmente útiles o entretenidos y que, al ser consumidos por una persona, le trasladen los valores de una marca, generando un interés que, para cuando la marca saque de la chistera su anuncio, este sea recibido con menos reticencia por el usuario.

Los atributos de los productos o servicios son cambiantes por naturaleza, deben mostrar las mejoras que le han añadido a un producto. Si no tiene mejoras reales, hay que inventarlas. Ley del marketing. De ahí que los anuncios tengan una fecha de caducidad.

En cambio, los valores de las marcas son o deberían ser los mismos y, en caso de que evolucionen, hacerlo de una forma orgánica. Por lo tanto, un contenido basado en los valores de una marca debería tener un recorrido mucho más largo y cumplir esa función de generar vínculos con los potenciales clientes.

La publicidad es un gasto y los contenidos son una inversión. Cuanto mayor sea la inversión en contenidos, menor será el gasto en publicidad. Así lo explica Cristina Barbosa, presidenta de Ogilvy España: «Cuando una marca está en tu cabeza, el anuncio es un refuerzo y todo es más barato (para la marca). A lo mejor para alguien que no tiene dicha marca de su cabeza, necesitas bombardearlo ocho veces con un anuncio, mientras que para la persona que, sí la tiene, necesitas dos. Es indudablemente más barato. Entonces, estar en la mente del consumidor es lo que consigue el *branded content*[19]».

¿Qué características debe tener el *branded content* para captar nuestra atención?

La respuesta es sencilla: las mismas que cualquier otro contenido que capte la atención. ¿Por qué? Porque el contenido de las marcas competirá con series, pódcast, contenidos generados por usuarios de redes sociales, películas, libros y obras de teatro.

Es hora de que las marcas dejen de pensar en cómo intentar colar un logo o un producto detrás del velo de un *branded content* más o menos atractivo. Un buen *branded content* que tenga una narrativa que emocione o haga reír, que despierte emociones en las personas se puede ir al traste por un primer plano publicitario de un segundo que dé la sensación de estar viendo un anuncio. Es hora de que las marcas hagan cosas relevantes sin segundas intenciones.

Por lo tanto, es importante entender que lo que se les pide a las marcas no es un cambio de estilo, sino un cambio de rol. Dejar de ser meros vendedores de cosas a ser aportadores de valor real. Alguien decía que con el *branded content* las marcas deben cumplir lo que prometen. Si los anuncios de Coca-Cola te venden felicidad, los contenidos de Coca-Cola deberían hacerte feliz, de verdad.

Lo que se necesita en el mundo bajo demanda es la atracción, hacer contenidos atractivos es un cambio de perspectiva enorme para las marcas, como lo apunta Pablo Muñoz:

> «Cuando hablamos de atención, en el fondo podemos estar hablando de relevancia. La relevancia igual no se compra. Ese es el error, quizás, que ha cometido la publicidad. Pensar que bastaba con llegar, cuando lo importante era ser relevante. Yo por eso he andado un camino que ha ido desde la publicidad más pura hasta el *branded content*.
>
> Vivimos un momento de sobresaturación de contenidos y quien está siendo capaz de ser relevante, de captar la atención de una audiencia es la industria del entretenimiento, con lo cual, las marcas, desde mi punto de vista, tendrán que convertirse realmente en entretenimiento[20]».

¿Cómo pueden competir las marcas con el entretenimiento?

Si hay un mundo competitivo a nivel global hoy en día, es el del mundo del entretenimiento. Ya hemos visto lo que invierten en tiempo y dinero los creadores de entretenimiento para competir entre sí.

Para poder hacerse un hueco en la amplísima oferta que se nos presenta, ¿qué pueden hacer las marcas? ¿Cómo será el último estreno de Netflix? ¿Cómo generar una audiencia como la de Ibai Llanos? ¿Cómo ser *Star Wars*?

Para competir con la industria del entretenimiento, las marcas han de entender no solo sus códigos narrativos sino también de negocio: las marcas deben plantear los contenidos como un negocio. Si mantienen la perspectiva del gasto publicitario como hasta ahora, van a reventar el motor o se van a quedar sin gasolina.

¿Cómo plantear los contenidos como un negocio?

El primer paso es dejar de pensar en hacer campañas cuyo objetivo sea vender un producto o un servicio. El contenido es un negocio en sí y, si es bueno, trasladará los valores de la marca, que generará vínculos con su público objetivo y logrará que este se sitúe en una actitud con disposición para recibir mensajes.

Dicho de otra forma, no le trates de vender los boletos de tu rifa a alguien que no te conoce. Intenta vendérselos a tus amigos, a tus familiares, a la gente con la que tienes un vínculo establecido, te llevará mucho menos tiempo. ¿Quieres ampliar tu círculo de amigos y conocidos para vender más boletos de tu rifa? Socializa, genera vínculos, no vayas por ahí intentando venderles tus boletos porque vas a generar mucho rechazo.

Lo primero es plantear los contenidos como un negocio. Los negocios que no suelen ser efímeros están peleados con la inmediatez y con la corta vida de las campañas. Por lo tanto, y aunque esto sea tremendamente contracultural en el mundo de la publicidad, hay que poner las miras en el medio y largo plazo.

Para poder hacer esto y obtener resultados, la clave es plantear los contenidos desde un punto de vista estratégico (consulta el capítulo 4). Así tendrán unos objetivos claros y responderán a indicadores de éxito marcados dentro de ese marco estratégico, y no necesariamente en los champús más vendidos en el último trimestre.

Por otra parte, están los presupuestos. Competir con los contenidos del entretenimiento es labor imposible si no tienes un músculo financiero similar al suyo. Esta es una desventaja muy importante: mientras que los grandes contenidos del mundo del entretenimiento se financian a través de diversas fuentes, los contenidos publicitarios los paga en exclusiva la marca en cuestión. De esta forma tiene el control total sobre la producción, pero al mismo tiempo limita sus posibilidades.

Detrás de cada gran contenido hay varios padres financieros capaces de codesarrollar y coproducir. Si tu presupuesto no es suficiente, coproduce. Por lo que tanto las marcas como las empresas de marketing, necesitan cambiar su visión para hacer mejores cosas. A esta práctica se la ha denominado coopetir (colaborar con tus competidores). Así lo explica Pablo Muñoz: «Para poder colaborar tienes que partir de un punto que es, yo creo, el respeto hacia el otro. Y respeto quiere decir humildad. Quiere decir entender que no lo sabes todo y que es mejor rodearse de expertos en áreas a las que quieres aproximarte. Con lo cual, si la industria publicitaria quiere entrar en la industria del entretenimiento, lo primero que tiene que hacer es, con humildad, rodearse de profesionales que vienen de esa industria para aplicar las mismas reglas. Probablemente la industria del entretenimiento tendrá que hacer algo similar.

La colaboración es clave para hacer mejores contenidos, pero tal vez no todo el mundo tenga la madera para enfrentarse a un cambio así, Alba Vence[21], directora creativa y cofundadora de la agencia Lady Brava, explica lo que se necesita: «Menos rigidez, más horizontalidad y escuchar muchísimo más a mucha más gente, lo cual es complicado. Yo siempre digo, si eres un creativo publicitario, control *freak*, no te dediques al *branded content* porque vas a sufrir muchísimo. Y si eres una marca ultra control *freak* tampoco».

Así que, a las marcas que quieran hacer *branded content* y que este se convierta en un negocio rentable les toca pensar a el largo plazo. Olvídate de ver resultados mañana. Si tu negocio exige resultados rápidos, complementa los contenidos con otros, tal vez de tipo *push* publicitario. Pero no olvides que los contenidos, los buenos, necesitan tiempo de cocción, desarrollo y producción. Y, si todo se da bien, generaran ingresos.

Aprendizajes

- Las marcas han estado siempre en la punta de la pirámide de la economía de la atención, su poder se empezó a desbalancear cuando nacieron nuevos medios digitales.
- Las marcas quieren estar en los sitios donde está la atención y estos son impermeables a ellas. Para competir por esta atención que se capta en los lugares en los que ellas no llegan, deben ser relevantes.
- En el paradigma *on demand*, las marcas deben dejar de interrumpir la película que queremos ver y hacer una película mejor.

- El *branded content* son contenidos producidos o coproducidos por las marcas y que sirven para conectar y trasladar sus valores a una audiencia que elige consumir dicho contenido.
- La publicidad es un gasto y los contenidos son una inversión, y cuanto mayor sea la inversión en contenidos se necesitará un menor gasto en publicidad.
- Las marcas necesitan un cambio de rol.
- Para competir con la industria del entretenimiento, las marcas han de entender no solo sus códigos narrativos sino también de negocio.
- Si eres un creativo publicitario, control *freak*, no te dediques al *branded content* porque vas a sufrir muchísimo.
- Los contenidos tienen un tiempo mínimo de cocción, desarrollo, producción y, si todo se da bien, de generación de ingresos.

6. Curación de contenidos o cómo gestionar la abundancia

Como he mencionado anteriormente, a lo largo del proceso de escritura de este libro y el proyecto transmedia *Su atención, por favor*, he tenido numerosas conversaciones sobre la economía de la atención. En una etapa temprana del libro, compartí el proyecto con Álex, un amigo ingeniero que no tiene relación con el mundo de la comunicación y los negocios. Él me comentó que, aunque le parecía interesante el tema de las claves para captar la atención, lo que realmente consideraba necesario como consumidor era obtener consejos o claves sobre cómo encontrar mejores contenidos. Me contó lo frustrante que era para él ponerse a hurgar en los catálogos de las plataformas de vídeo y audio para finalmente elegir algo y luego llevarse la sorpresa de que aquello que había elegido no era lo que esperaba.

Álex tenía razón; el proyecto debía ser más equilibrado y no centrarse únicamente en ofrecer claves para los productores de contenidos. También tenía que hablar sobre cómo los consumidores, que prácticamente somos toda la población mundial, podíamos sobrevivir a la economía de la. Así que decidí ampliar el alcance del proyecto.

1. ¿Cómo encontramos el contenido de calidad?

Una vez que hemos recogido todo tipo de consejos y recomendaciones para hacer mejores libros, fotografías, vídeos, pódcast, que sean altamente captadores de atención, es hora de ponernos al otro lado de la mesa, en el de los consumidores.

Aunque en realidad, en la economía de la atención es difícil situarnos en un solo lado de esta mesa, ¿quién no consume y crea contenido? Tal vez lo que nos falte entonces es un poco de empatía.

El primer problema con el que nos encontramos es, paradójicamente, el de la abundancia. Como ya hemos visto, estamos rodeados de cantidades obscenas de contenidos y esto no va a parar de crecer y mejorar. A pesar de posibles crisis o indicios de burbujas, los contenidos seguirán aumentando en cantidad y calidad. Repitamos juntos: Netflix no va a hacer peores series. Tal vez produzca menos, o incluso deje de producir algunas, pero en su ausencia, otros tomarán la iniciativa y sus contenidos serán aún más cautivadores y estarán mejor diseñados para engancharnos.

Y aunque en algún momento de ansiedad nos rasguemos las vestiduras quejándonos de lo imposible que es ver todo lo que nos recomiendan, lo cierto es que es un lujo contar con esta variedad. La apertura de nuevos canales ha favorecido el aumento de la calidad, pero sobre todo la variedad de los contenidos. Y como buen lujo, hay que saber gestionarlo.

En el pasado, los canales generalistas del mundo *broadcast* necesitaban contenidos que gustaran a las abuelas y a los nietos por igual. Todo acababa sabiendo a lo mismo, sin especialización ni riesgo en los temas o los tratamientos. Ahora se pueden ver contenidos pensados para audiencias minoritarias, o muy de nicho, como se les suele llamar.

Después de ver a Marie Kondo enseñarnos a organizar nuestra casa, podemos seguir con *The Dirt*, una película sobre la banda de rock Mötley Crüe, con un programa de concurso de cocina vegana o un documental sobre un coleccionista de tigres. ¡Lo nunca visto!

Ahí afuera hay una película, un libro o un pódcast que te va a satisfacer, con el que vas a pasar muy buen rato o vas a aprender. Simplemente hay que saber cómo dar con éste. Para esto se requiere conciencia, técnica e higiene. Y, sobre todo, lo primero es definir qué es lo que queremos.

2. ¿Qué es el buen contenido?

Decir que no hay contenidos buenos o malos sería una salida facilona y condescendiente. Sí, definitivamente hay contenidos mejores que otros y esto se puede medir en muchos aspectos, ya sea en la forma, en el fondo o en ambos factores. Sin embargo, la clave está en ser conscientes de qué contenido es el que precisamos para cada momento y, en la medida de lo posible, organizarlo.

Ante la multitud de caminos, nada como un mapa. Ante la magnitud de la oferta, nada como una lista.

Para lograr esto, la clave es tener un poco de conciencia, mucha planificación y evitar caer en la deriva que puede generar la gestión de la sobreoferta. Enfrentamos la paradoja de la elección: entre más opciones tenemos, más complicado es tomar una decisión que nos satisfaga, por lo tanto, antes de comenzar, debemos estar preparados.

Lo primero es ser consciente de que apenas nos distraigamos, tenemos un *smartphone* al alcance de la mano con miles de opciones golosísimas de contenidos que seguramente nos dan igual, que podríamos morir sin haber visto y que no pasaría nada por no hacerlo.

Una buena solución es hacer una lista de los libros que quieres leer este mes o este año, de las películas o las series que quieres ver, de los discos que quieres escuchar o de los cursos *online* que quieres hacer. Así, cuando te surjan dudas, recurres a esta lista y das con eso que conscientemente te habías prescrito a ti mismo. De esta forma seguro que vas a acertar y, si no, siempre puedes volver a la lista.

3. La barra libre de contenidos

Imagina que te despiertas por la mañana y tu cuarto está lleno de comida de todo tipo, desde los manjares más refinados traídos de los cinco continentes hasta los mejores platos caseros elaborados con las típicas recetas de la abuela. También hay comida sana, sanísima, *snacks*, golosinas, frutas exóticas y, por supuesto, comida rápida como hamburguesas y patatas. Imagina que esa oferta te sigue acompañando mientras te vistes, sales a la calle y te diriges a tu trabajo o facultad. Durante todo el día, encuentras más y más opciones de comida mientras haces tu rutina habitual, incluso cuando regresas a casa por la noche y justo antes de apagar la luz tienes la oportunidad del último bocado antes de dormir. ¿Te puedes imaginar cómo acabarías al final del día? ¿Puedes sentir la indigestión, la saturación? Ahora imagina que esta oferta no es de comida, sino de contenidos visuales y auditivos que te rodean constantemente a través de dispositivos electrónicos. Desde que te levantas hasta que te acuestas, estás expuesto a una sobreabundancia de información y entretenimiento.

Nuestro organismo tiene limitaciones físicas, se satura cuando comemos en exceso y rechaza la ingesta de alimentos, pero nuestra mente no tiene esas restricciones y puede seguir consumiendo y rumiando en diferentes direcciones, generando ansiedad.

En 2004, Morgan Spurlock decidió probar en carnes propias los efectos de comer comida basura todos los días en su película *Super Size Me*, en la que se autoimpuso el reto de comer en McDonald's durante un mes sin interrupción. Al final de la película, quedó evidente que estaba poniendo en alto riesgo su salud y calidad de vida si continuaba con ese ritmo de alimentación. A lo largo del proceso de este proyecto, he pensado en hacer algo similar pero esta vez relacionado con el consumo de contenidos digitales. ¿Qué pasaría si nos pasamos un mes pegados a TikTok o a Instagram? ¿Cómo afectaría a nuestra cabeza y a nuestros signos vitales?

Lo cierto es que estamos ante una situación de tanta abundancia que no es fácil de gestionar. Marta Peirano en su libro *El enemigo conoce el sistema,* explica que la abundancia es una situación a la que no estamos acostumbrados como especie: «A lo largo de la historia hemos aprendido a gestionar la escasez, no la abundancia. Por eso cuando vemos que queda comida nuestro plato, aunque estemos satisfechos nos la comemos, porque no sabemos cuándo vamos a volver a comer».

Por esto, una de las claves para sobrevivir a la economía de la atención, es ser conscientes de nuestros hábitos de consumo de contenidos. Así como en algún momento de nuestras vidas aprendimos a comer y a seleccionar mejores alimentos, a decir basta ya, yo no puedo más, necesito una ensalada o ayunar, porque es lo que nos pide nuestro aparato digestivo; vamos a tener que aprender a discriminar, en términos de contenidos, qué es lo que nos nutre, qué nos da gusto, qué es gula y qué nos va a sentar mal.

Hoy, en términos de consumo, somos una suerte de preadolescentes del consumo digital que nos da igual comer en un *fast food* a diario. Es crucial ser conscientes de nuestras elecciones y evitar caer en la trampa de la compulsión y la saturación informativa. Al igual que escuchamos las señales de nuestro aparato digestivo para saber qué y cuánto comer, debemos escuchar a nuestra mente para saber cuándo es necesario desconectar y seleccionar contenidos que realmente nos enriquezcan y aporten valor. La conciencia y la madurez en nuestro consumo de contenidos son claves para sobrevivir en la economía de la atención actual.

4. Somos la generación cobaya

A principios del siglo XX, los automóviles empezaron a poblar los caminos, aunque inicialmente eran considerados artículos de lujo para gente adinerada. Sin embargo, esos primeros coches eran artefactos bastante rudimentarios y con muchos aspectos que perfeccionar, sobre todo en cuanto a la seguridad que ofrecían a los pasajeros: los frenos eran precarios, no tenían cinturones de seguridad y las fallas mecánicas eran comunes, lo que podía resultar en situaciones peligrosas e incluso incendios. Por supuesto, ni hablemos de la contaminación que generaban.

Además, en ese momento, las carreteras no eran las amplias y pavimentadas autopistas que conocemos hoy en día. En su mayoría, eran más bien calzadas y caminos de carretas en el mejor de los casos, lo que dificultaba aún más la conducción y aumentaba los riesgos.

Y encima —literalmente y perdón por el chiste fácil— estaban los primeros conductores de los coches: aventureros e inexpertos, unos *early adopters* con mucho riesgo. En esa época no había normas de tráfico ni se expedían carnés de conducir, simplemente se indicaba como acelerar y cómo frenar y que la suerte acompañe. Los conductores iban aprendiendo a base de golpes.

Subirse a un coche por aquel entonces era un asunto de alto riesgo, pero, con el tiempo, la tecnología de los automóviles fue mejorando significativamente, al igual que la formación y educación de los conductores. ¿A dónde quiero llegar con todo esto? A que las tecnologías de la información hoy son todavía como esos coches primitivos y nosotros como esos primeros conductores: en ambos casos tenemos mucho margen de mejora. Las tecnologías deben evolucionar para que su utilización sea óptima y segura para nosotros, sus usuarios; y nosotros debemos aprender a sacar el mejor provecho de estas sin resultar perjudicados.

Tenemos la fortuna —así lo considero personalmente, aunque habrá quien lo considere una tragedia personal— de ser esa generación a la que le ha tocado ser la piloto de pruebas de todas estas innovaciones tecnológicas. Quienes nacimos en la recta final del siglo XX hemos convivido con el correo de papel y el electrónico, con el cine en Super 8 —a nivel casero— y TikTok; con marcar números telefónicos que nos sabíamos de memoria en diales de los que giraban, a bloquear usuarios indeseados en WhatsApp, a pelear con nuestros hermanos por la decisión de qué programa veríamos de la oferta de dos que había un lunes por la noche, o a tener familias multidispositivo en las que cada uno ve lo que quiere sin tener que estar en cuartos diferentes.

Tenemos la fortuna de que hemos tenido que aprender a velocidades altísimas cómo funcionan todas estas nuevas cosas, que en algunos pocos casos se arraigan en la sociedad y en la mayoría de los casos se esfuman en el olvido. Hemos aprendido, o estamos aprendiendo, a vivir al ritmo de las plataformas de Apple, Netflix, Amazon, Facebook..., que apuestan por modificar nuestros comportamientos; comprar un teléfono nuevo cada dos años, subir fotografías a diario y comunicarnos a base de notas de voz, con tal de que sus negocios proliferen.

Tenemos registros de que aquellos primeros usuarios de coches no llevaban bien lo de la velocidad. Era común que apenas se llegara a una velocidad inusual de cuarenta o cincuenta kilómetros por hora, porque la gente se mareaba y tenía que parar a que le diera el aire, ya que no estaban acostumbrados a ir a tales velocidades en esos caminos. Es posible que nosotros también tengamos que acostumbrarnos a la velocidad de la información que consumimos y entender cómo gestionarla. Quizás lo malo de esto sea que no hay un patrón, no hay un modelo: somos la generación cobaya.

Algo similar me contó una vez Eva Snijders, consultora de narrativas. Eva viajaba mucho en tren de alta velocidad entre Barcelona y Madrid y me contó por qué nos resulta muy difícil apreciar el paisaje exterior desde estos trenes. Y es porque no estamos acostumbrados a ir a tal velocidad a ras del suelo. El paisaje va demasiado rápido como para que podamos centrar nuestra atención en ello. Pero igualmente nos acabaremos acostumbrando a las nuevas velocidades a las que se acelere el mundo.

Cristina Barbosa, presidenta de la BCMA España y también de Ogilvy España, lo traía al plano de los contenidos de la siguiente forma:

> «Sí, hay un consumo brutal. Yo entiendo la preocupación por la infoxicación, pero creo que, a lo largo de la historia, el ser humano ha demostrado que pasa de conductas irracionales, cuando algo es una novedad, a irse depurando y tranquilizándose en sus conductas. E igual que cuando aparecía la televisión, nuestros bisabuelos les decían a nuestros padres "por favor, quitaos de la caja tonta" porque hacían un consumo que para ellos era excesivo, como ahora ocurre con los niños y los videojuegos. Y creo que el ser humano se irá regulando e irá escogiendo y exigiendo mejor contenido. Y ahora lanzo la pregunta que le voy a dejar sin responder: ¿Qué es mejor? ¿Tener acceso a todo este contenido o cuando teníamos dos cadenas de televisión y solamente podías ver lo que te servían?[1]».

Es así. Nadie nos ha dado el manual de cómo gestionar la abundancia en la oferta de contenidos. Y como ha pasado en otras ocasiones, nos toca escribir sobre la marcha. Lo estamos escribiendo. No hay carné de consumidor de contenidos ¡Vamos por libre! La esperanza está en las carreteras. Ahora los coches son mejores, más rápidos y seguros. Y nosotros somos mejores conductores y, sobre todo, más conscientes. Vamos en un tren de alta velocidad y debemos aprender a disfrutar el paisaje.

5. ¿Cómo gestionar la abundancia? ¿Por qué elegimos?

La frase «le voy a dar una oportunidad» refleja una realidad común en el mundo del entretenimiento actual, da igual si somos generación Z o *boomer* y se suele decir cuando ves el primer capítulo de una serie que te han recomendado mucha gente y no te ha convencido mucho, pero decides ver un par de episodios más para ver si después de eso finalmente te engancha.

Esta frase representa ese pulgar que puede apuntar hacia arriba o hacia abajo. Esa decisión que tomamos como espectador con respecto a consumir o no un contenido y, en cierta forma, escenifica cómo funciona una parte de la economía de la atención: una persona cualquiera, un adolescente con cierta afición a las series, con un cúmulo de recomendaciones provenientes de sus amistades y redes sociales, más todas las opciones que le proponen las plataformas, tiene una lista de series para ver que le podrían ocupar algunos meses. Entonces decide darle esa oportunidad a la serie en cuestión, sobre la que caerá la espada de Damocles del descarte si al tercer episodio no le engancha. Seguramente, sea una serie que ha costado a sus productores años en levantar y producir, con un presupuesto de millones por episodio y que está ahí, peleando por sobresalir en la marea.

Pero, claro, la atención del adolescente en cuestión es limitada y la oferta de contenidos a la que puede acceder es inmensa. Nada que ver con los tiempos en los que juntábamos dinero para ir a ver *esa* película que deseábamos ver desde hace meses. Era un acontecimiento, hacíamos cola para entrar al cine, se apagaba la luz y entonces centrábamos toda nuestra atención en la pantalla durante esas dos horas.

Ahora nos hemos convertido en unos pequeños tiranos del contenido, que damos oportunidades a lo que se pueda colar en nuestra lista interminable de contenidos pendientes de ver.

Aquí es donde el tema se puede empezar a revertir o al menos a tomar otras direcciones. Porque el estado constante de elegir entre demasiadas opciones nos está agotando. «A la rutina que satura nuestras cabezas diariamente con infinidad de decisiones —según los expertos, un ciudadano medio se enfrenta a unas 35 000 elecciones diarias—, hemos de sumar una preocupación más: decidir cuál será el programa que nos acompañará llegado el momento de descansar y desconectar» como explica Elena Neira[2].

Tenemos muchas opciones, todas aparentemente atractivas, por lo que decidirnos por una e invertir nuestro tiempo o dinero en la misma, nos cuesta más trabajo y al mismo tiempo hace que la decisión que tomemos —cualquiera que esta sea— sea menos satisfactoria.

Esto es lo que plantea el psicólogo norteamericano Barry Schwartz en su libro *The Paradox of Choice: Why Less Is More*. (2004) El libro está enfocado en el consumo y en la compra de productos ya que es anterior al *boom* de los contenidos digitales, pero aplica perfectamente a este escenario.

La tesis de Schwartz se basa en que en la sociedad actual priorizamos el tener muchas opciones antes que nuestra felicidad[3]. En el contexto de la economía de la atención, pagamos suscripciones a varias plataformas de vídeo bajo demanda para luego frustrarnos por no saber qué elegir para ver esta tarde.

Por eso, cuando finalmente damos con algo que nos satisface, cuando acertamos, es todo un triunfo y lo contamos con un «estoy enganchado a tal serie» en lugar de decir «me está encantando». Algo me ha atrapado y me ha librado de tomar una decisión por los próximos días o semanas. Como lo explica Elena Neira:

> «Por eso a Netflix le gusta tanto el contenido seriado. Porque cuando una persona encuentra una serie que le gusta, siente una oleada de placer en todo su cuerpo que dice: "ya tengo solucionado el entretenimiento." Y si ya ves que tiene muchas temporadas y te está gustando, entonces ya fantasía. A la inversa, cuando la estás intentando descubrir y ves que una serie tiene ocho temporadas y piensas ¡Quita, quita! ¡ocho temporadas! Es curioso cómo funciona nuestro cerebro. El gran enemigo de las plataformas es la incapacidad de elegir[4]».

Es por esta razón que, en pleno cambio del mundo *broadcast* al mundo *on demand*, nos tranquiliza que un TikTok nos proponga cosas, igual que cuando llegamos a un restaurante y preferimos que el camarero nos traiga los platos que él proponga antes de ponernos a deliberar frente a una carta con opciones que nos superan.

De esta evasión a la decisión y cómo la tecnología nos facilita el escape habla Tim Wu en *Attention Merchants:*

> «Se supone que la tecnología genera herramientas que nos ayudan a tener el poder sobre lo que elegimos cuándo queremos, dónde queremos y cómo lo queremos, pero en realidad nos hacen o nos convierten en lo contrario. En unos no electores, no comprometiéndonos con nada, lo cual beneficia a los que vivimos selección porque al final de cuentas al no estar comprometidos con nada saltamos una cosa otra siendo más fácil el que nada se ha ignorado[5]».

En la misma línea, comenta Elena Neira:

> «La comodidad es la nueva dependencia, lo cómodo vértebra nuestra mentalidad como consumidores, buscamos la oferta a medida, las elecciones más simples y sobre todo ahorra el tiempo que se ha convertido en nuestro bien más preciado. La oferta se ha adaptado y automatizado[6]».

Dicha adaptación y automatización de la oferta corre a cargo de los algoritmos, como ya vimos anteriormente, por lo que podemos abandonarnos a la comodidad de que estos elijan por nosotros o tener bien claro lo que queremos y tomar nuestras decisiones.

6. La importancia de recomendar bien

Vivimos un momento maravilloso en el que tenemos una oferta diversa, rica y profunda de contenidos de todo tipo. Nunca en la historia habíamos tenido tanta oferta, por lo que la elección consciente de dónde ponemos nuestra atención es clave. Ya hemos visto que hay que hacerlo con frialdad, sentido y también con agilidad, para no quedarnos en el limbo de la fatiga de la elección. Porque si hay algo absolutamente cierto es que no hay tiempo para verlo todo.

De ahí que sea fundamental hacer buenas recomendaciones. Por una parte, hemos visto que el contenido está al alcance de nuestra mano todo el tiempo. Nos rodea. También hemos visto que lo que llega a nuestras pantallas está en la mayoría de los casos canalizado a través de algoritmos que saben nuestros gustos y debilidades, saben de qué pie cojeamos. Pero al margen de todo esto, hay un atajo ágil y muchas veces muy certero: las recomendaciones de las personas, tanto de las personas que nos conocen, nuestros amigos, familia o personas de confianza, como las que no conocemos pero que confiamos en sus gustos para tomar una decisión. Y no pensamos en prescriptores profesionales o *influencers*, sino simplemente gente a quien seguimos en redes sociales, creadores de tendencias (*tastemakers*). ¿Quiénes son? nosotros mismos, para empezar.

Igual que somos consumidores y creadores, es importante asumirnos como curadores, prescriptores o recomendadores, aunque tal vez no seamos conscientes de ello. No hace falta que tengamos decenas de miles de seguidores en Twitter, en Instagram o en Twitch. Aunque tal vez nadie te lo vaya a rcconocer, el que dejes un comentario en tu perfil del tipo: «no dejéis de ver esta película» hace que mucha gente que se basa en este tipo de recomendaciones para tomar sus decisiones la vea.

Y mucho más relevante aún es esa recomendación directa a alguien que conoces. Y si nadie te recomienda nada, no hay que tener miedo en preguntar, tal como lo hace Cristina Barbosa: «Hay una cosa que para mí es infalible y es preguntar a la gente que me conoce. Cuando tú preguntas a alguien que te conoce, yo sé que esa serie que me van a recomendar va a dar en el clavo ¿Por qué? Porque me conocen. Saben que no soporto el terror, por ejemplo. No soporto las muertes y las autopsias. Esas cosas me espantan. Por lo que quienes me conocen nunca me recomendarán algo de ese estilo. Entonces pregunto mucho[7]».

Por esto es importante ser conscientes de que, en medio de la abundancia, nuestro papel como recomendadores es clave para guiar o desviar la atención de la gente que nos importa, ayudándoles a tomar mejores decisiones, a ahorrarse tiempo y fatiga de decisión. Somos creadores, consumidores y curadores de contenidos.

Somos creadores, consumidores y curadores de contenidos.

7. La ecología de la atención

Seguramente, a estas alturas del libro, ya estás familiarizado con el concepto de economía de la atención y has constatado dos hechos fundamentales: el primero es que nuestra atención, como recurso, es limitada y seguirá siendo un bien escaso; y el segundo, que los contenidos son numerosos e inabarcables y seguirán aumentando en cantidad.

El término «sostenible», como se define en el DLE se refiere a la capacidad de mantener algo durante largo tiempo sin agotar los recursos o causar daño al medioambiente:

> «**sostenible 2.** adj. Especialmente en ecología y economía, que se puede mantener durante largo tiempo sin agotar los recursos o causar grave daño al medioambiente. Desarrollo, economía sostenible».
>
> *Diccionario de la lengua española* de la RAE

Aludiendo a esta definición, surge un gran interrogante: ¿cuánto tiempo puede mantenerse este modelo de economía de la atención sin afectar negativamente el equilibrio económico, social y medioambiental en el que se desarrolla?

La atención, nuestro recurso más preciado, seguirá presente, fragmentándose y haciéndose cada vez más difícil de captar y la creatividad y la producción de contenidos pueden ser inagotables —tanto como nuestra imaginación y curiosidad—, por lo que debemos reflexionar sobre cómo encontrar un equilibrio sostenible en el consumo y gestión de la atención en nuestra sociedad cada vez más conectada. Esta cuestión va más allá de cuestiones como, por ejemplo, la tala de árboles para imprimir más libros en papel (que también), es necesario considerar un enfoque más amplio que abarque el impacto en diferentes aspectos de nuestra vida, y lograr el tan deseado triple balance: económico, social y ambiental[1].

1. Balance económico, social y ambiental de la economía de la atención

Balance económico

En el aspecto económico, las perspectivas actualmente son de esplendor, aunque con matices. Las inversiones destinadas a la creación de nuevas plataformas de contenidos y a la generación de contenidos que se necesitan para alimentarlas nunca han sido tan boyantes. La atención se paga y se paga bien. Se están inyectando grandes capitales y creando *hubs* y centros audiovisuales en ciudades como Madrid y México, donde se concentran todo tipo de empresas para satisfacer la demanda de contenidos.

La demanda de nuevos contenidos es alta y hay numerosas personas y compañías dedicadas a su producción que tienen trabajo asegurado para los próximos años, lo cual es una anomalía en un entorno en el que tradicionalmente se ha vivido al día.

Por otro lado, tampoco son pocas las plataformas que tienen comprometida la producción de contenidos para un período de dos o tres años. Es de suponer que si encontrasen alguna historia interesante encontrarían la forma de darle salida. De suceder esto, muy probablemente sería con una historia que tenga todas las papeletas de ser un éxito.

¿Qué quiero decir con esto? Aunque en términos económicos el negocio de los contenidos vive una época dorada, esto no significa que se vea reflejado en las cuentas de resultados de todas las empresas o creadores de contenidos por igual.

Así lo comentaba Jorge Carrión en su entrevista para el pódcast *Su atención, por favor*:

> «Yo creo que hay espacio de publicación para todos. Todo el mundo puede publicar sus canciones, sus vídeos, sus animaciones, sus textos, sus libros, etc. Lo que no hay es, por una parte, dinero para cobrar dignamente por ese trabajo intelectual y creativo. Y, por otra

parte, más grave, no hay reconocimiento para todos. El problema de esta nueva economía de la atención es que todos queremos que nos hagan caso, que nos lean, pero también queremos que nos reconozcan y entremos en un sistema de comparación odioso que es "por qué este *youtuber* tiene tantos millones de seguidores y yo no"[2]».

Balance social

Si bien existen plataformas de contenidos que nos permiten estar mejor conectados con nuestros entornos sociales, como lo fueron en sus inicios Facebook, YouTube o Twitter, y herramientas como FaceTime, Zoom y WhatsApp que nos permiten comunicarnos de forma ágil y cercana con personas, familiares, amigos o compañeros de trabajo, en el aspecto social, la economía de la atención nos está llevando a enfrentar desafíos más complejos de lo que podemos imaginar. Por ejemplo, la polarización sociopolítica que vivimos hoy en diferentes latitudes tiene que ver con la amplificación que consiguen estas redes, la priorización por parte de algoritmos y usuarios de los mensajes más estridentes y radicales, y el aprovechamiento de estas circunstancias por parte de estrategas y políticos para capitalizar esta amplificación polarizada.

Por otra parte, surge una incomunicación producto de la sobreinformación que nosotros mismos generamos. Las horas que solíamos dedicar a conversar o leer, ahora las pasamos en redes sociales viendo las actualizaciones de gente que no conocemos, riéndonos de sus chistes y compartiendo memes en lugar de contarlos cara a cara o haciendo de nuestras protestas sociales efímeros *trending topics* en lugar de salir a la calle a manifestarnos.

Nosotros somos quienes enviamos mensajes a nuestros contactos con el objetivo de recibir su respuesta en forma de *likes* y calmar nuestra sed de dopamina a cambio de darles un momento de distracción, que bien se podrían emplear para leer o aprender a hacer algo. Vivimos en el propio círculo vicioso que hemos creado. Una vez más, nos descubrimos como una sociedad novata en el uso de estas herramientas.

Balance ambiental

De la misma forma en la que somos conscientes de que el desperdicio y uso innecesario de materiales como el papel o el plástico no reciclado afecta a nuestro medioambiente, debemos tomar conciencia de que la generación de contenidos digitales, por muy insignificantes que sean, tienen una repercusión en él.

En primer lugar, los dispositivos electrónicos que utilizamos, como *smartphones* o *tablets*, que a pesar de que cuestan un dineral, hemos normalizado el sustituirlos cada año y medio o dos años, conlleva la producción de pantallas, baterías y carcasas nuevas, cuyos materiales van escaseando a pasos agigantados.

De la misma forma, cada mensaje de WhatsApp, fotografía que subimos a Instagram o baile que subimos a TikTok ocupan un espacio en eso que llamamos *la nube*. Aunque este concepto donde se alojan nuestras notas de voz, *selfies*, *reels* y *retuits* nos parece etéreo, infinito y gratuito, en realidad está compuesto por centros de datos, grandes instalaciones que albergan servidores y que requieren mantenerse en funcionamiento y refrigerados, consumiendo enormes cantidades de energía eléctrica y recursos como agua y aire.

Un ejemplo claro es Netflix, que además de invertir en producción de contenidos y campañas de marketing, destina alrededor de mil millones de dólares al año en servidores y centros de datos para ofrecer sus series y películas en *streaming* a nuestros hogares.

2. La ecología de la atención

En 2014, Yves Citton, profesor de literatura francesa en la Universidad de Grenoble, publicó *La ecología de la atención*, donde aborda la atención y la economía de la atención desde diversas perspectivas: sociales, personales y medioambientales.

En su obra, cuestiona la mercantilización de la atención como un recurso o una moneda, cuando la atención tiene en sí diferentes niveles y acepciones. La atención va más allá de ser un simple recurso que prestamos o pagamos (el *pay attention* anglosajón), sino que puede ser vista como una actividad en sí misma, comparable a practicar un deporte o tocar un instrumento musical. Al ejercitarla, la atención se puede fortalecer y mejorar.

Citton resalta la importancia de ser conscientes de dónde dirigimos nuestra atención como individuos, porque eso repercute en lo que pondrá la atención nuestro círculo social. Así como una bandada de pájaros o un banco de peces responde colectivamente a la atención individual, también como sociedad debemos practicar y mejorar nuestra atención. Además, el autor habla sobre cómo debemos modificar y adecuar nuestro entorno con el objetivo de mejorar nuestra higiene atencional, creando espacios y momentos en los que podamos concentrarnos en lo que realmente deseamos. En esencia, Citton nos invita a pasar a la acción y cultivar una atención más consciente y enfocada[3].

Netflix no hará peores series. La pelota está del lado de los consumidores

Como ya he comentado, nuestra atención será igual de limitada y los contenidos no dejarán de crecer y de mejorar. Netflix no va a hacer peores series. Cada vez tendrán más herramientas para mantenernos enganchados, de ahí que la clave para sobrevivir en esta tormenta está en nosotros mismos.

La sobreabundancia de contenidos es un hecho positivo. Mucho mejor que tener un solo disco, un libro y una película que nos llevaríamos a una isla desierta. Tenemos de todo y eso es una buena noticia. E igual que si lo que tuviésemos fuera una barra libre de alimentos de todo tipo, lo que necesitaríamos sería aprender a controlar nuestro apetito y mantener una dieta balanceada. Con los contenidos deberíamos aplicar algo por el estilo. Conciencia.

El ritmo de las plataformas nos empuja para que les sigamos el paso de consumo y publicación incluso de forma simultánea. Estar al día de la serie recién estrenada para poder tuitear o circular memes al mismo tiempo que la estamos viendo. Estar en diferentes sitios a la vez con nuestra atención desperdigada, es una característica de nuestro día a día. Esta aceleración y necesidad de ubicuidad, genera frustración (no podemos estar a todo) y ansiedad por no estar a la altura de las expectativas. En un informe interno de Instagram, se desvelaba que niñas menores de edad: «culpan a Instagram de los aumentos en la tasa de ansiedad y depresión y se sienten peor consigo mismas dada la constante comparación con cuerpos y estilos de vida idílicos proyectados en Instagram generándoles ansiedad» y que «entre los adolescentes que declararon tener pensamientos suicidas, el 13 % de los usuarios británicos y el 6 % de los estadounidenses atribuyeron el deseo de suicidarse a Instagram[4]».

Esto lo saben las plataformas y, sin embargo, nuestro consumo no deja de aumentar, y nos convierte en seres aún más voraces. Como cuenta Kerman Romeo: «No hay reposo, no hay tiempo para la digestión, ni siquiera en Navidad, cuando las comidas son más copiosas. La voracidad por otro contenido que sustituya al anterior es imparable y nos hace perder la perspectiva. Mi triste sensación es que, dentro de dos años, cuando nos pregunten por aquella película que protagonizaban Di Caprio y Jennifer Lawrence, únicamente seremos capaces de balbucear: "¿Iba sobre un meteorito, ¿no? Era una comedia, ¿verdad?"[5]».

3. La aceleración en el consumo no es solo digital ni de contenidos

Este tipo de consumo no se limita solamente a las plataformas digitales, sino también a nuestro consumo en general, como describe William Deresiewicz en su ensayo *La muerte del artista. Cómo los creadores luchan por sobrevivir en la era de los billonarios y la tecnología,* donde analiza el papel de los artistas en este contexto de consumo imparable: «primero tuvimos la comida rápida, después la moda de consumo rápido, ahora tenemos el arte rápido: música rápida, escritura rápida, vídeo rápido, fotografía rápida, diseño e ilustración elaborados a bajo coste. Podemos atiborrarnos hasta hartarnos[6]».

El punto es consumir mucho y rápido, como una bulimia audiovisual, término que empleaba Elena Neira para describir el cómo vemos (consumimos) series en las plataformas SVOD.

Ese afán por consumir también se manifiesta en el mundo real, fuera de las plataformas digitales, por ejemplo, en los macrofestivales de música. Según Nando Cruz, periodista musical: «La ansiedad que generan los festivales, que invitan a un consumo compulsivo, casi bulímico de música en vivo[7]». El público se ve seducido por un enorme cartel de artistas y grupos, pero dada la parrilla de programación de los diferentes escenarios, las distancias físicas entre estos y la cantidad de asistentes a estos eventos, hace imposible el disfrute de más de dos o tres conciertos. Sin embargo, los asistentes intentan ver (consumir) aunque sea diez minutos de un grupo para luego salir pitando a otro escenario a ver otro fragmento de concierto. «Este empacho es totalmente antinatural», define Cruz.

Volvemos así a esa escena que ya hemos visto y donde se resume la ecología de la atención como un colectivo: empieza a sonar la mejor canción del concierto. Inmediatamente la gente levanta sus móviles y empieza a grabar y fotografiar la escena para subirla a sus redes o simplemente guardarla. En todo caso, la atención de los fans no está en el concierto sino en la grabación o fotos que están haciendo del mismo. ¿Qué buscan? Dejar constancia de su presencia en el concierto, aunque esto implique distraerse en uno de los mejores momentos de este.

En el mejor de los casos, si estos vídeos o fotografías se publican, habrá gente que se encuentre con estas constancias en Instagram o cualquier otra aplicación, pero seguramente sean vídeos de calidad muy baja, con el sonido saturado o fotografías de escenarios iluminados en los que se vea al artista en cuestión a mucha distancia y en miniatura (o proyectado en otra pantalla más grande). Así que, en lugar de estar leyendo un libro, viendo una película o jugando con nuestros hijos estaremos siendo informados de que algún amigo o conocido está grabando un concierto.

Y la tercera derivada es que esta vorágine de consumo tiene consecuencias más profundas y menos evidentes. Los contenidos generados ocupan ese espacio en la nube del que no somos conscientes, como lo cuenta Alberto Moreno en Vanity Fair: «Ni una sola de las personas que grabó esa canción tan famosa verá ese vídeo jamás de los jamases. Es lo que se llama basura digital redundante y está llenando la nube que alguna vez caerá sobre nuestras cabezas[8]».

Así es. Somos unos trogloditas ante la mayor oferta cultural y de entretenimiento que jamás haya existido al alcance de nuestras manos y encima tenemos prisa por engullir todo ya.

4. Lo que viene es cobrar conciencia para frenar y desconectar

Detenerse a pensar es un buen punto de partida. Hay que tomar conciencia de esto y tratar de aprovechar las bondades de la oferta de manera consciente. La economía de la atención y nuestra conciencia sobre ella se han convertido en temas cruciales para los profesionales de la comunicación, y entender nuestro papel como consumidores de contenidos es clave para el desarrollo de la sociedad. En los últimos años, este tema se ha vuelto objeto de estudio y conversación. Si en la primera década del siglo XXI se analizó la economía de la atención y se desarrollaron herramientas y estudios para crear contenidos más efectivos, ahora la tendencia es analizarla y comprenderla desde la perspectiva de los consumidores. Aunque no podamos bajarnos del tren en marcha, es esencial ser conscientes de que vamos a toda velocidad y contar con herramientas para desenvolvernos mejor en este mundo acelerado e hiperestimulado.

Un ejemplo destacado es el de Nir Eyal, quien en 2014 publicó el libro *Hooked: How to Build Habit-Forming Products*, donde comparte técnicas y consejos sobre cómo emplear la tecnología para incitar y manipular determinados comportamientos en las personas y describe cómo detectar de forma sistemática las vulnerabilidades humanas para crear herramientas o aplicaciones que generen dependencia de los usuarios. Como su nombre indica, todo lo que necesitas saber para enganchar al personal.

Sin embargo, cinco años después, en 2019 el propio Nir Eyal publicó *Indistractable: How To Control Your Attention and Choose Your Life*, enfocado en los consumidores y presentando antídotos para liberarse de las herramientas adictivas que él mismo había explicado cómo diseñar en su libro anterior.

Numerosos autores también han explorado esta misma línea crítica, desde *Atención radical* de Julia Dell, que describe el mundo de distracciones en el que vivimos y propone soluciones como escribir, ya que «el pensamiento creativo nos obliga a un nuevo tipo de atención», hasta *Distraídos* de Thibaut Deleval, abogado belga residente en España, que ofrece ejercicios prácticos para ejercitar nuestra capacidad de pensar y leer con papel y lápiz en mano, que se complementan con su pódcast *El rincón de pensar.* O Phil Gonzalez y Jimmy Pons que también proponen ejercicios prácticos para hacer un uso consciente de la tecnología en su libro *Máster en desconexión digital* que continúa la línea que habían comenzado en 2014 con la publicación del libro *Pásate al modo avión.*

También Jenny Odell, californiana criada en Silicon Valley, propone el activismo a partir de no hacer nada. Intercala relatos culturales, combinándolos con los paseos que da en un parque de San

Francisco donde se dedica a observar las diferentes especies de pájaros que habitan en el mismo.

Al observar el impacto social de las redes sociales, Tristan Harris, fundador del Center for Humane Technology, que trabajó como especialista en ética del diseño y filósofo de productos de Google, sugiere: «El diseño de comportamiento puede parecer liviano porque principalmente se trata de hacer clic en las pantallas. Pero ¿qué sucede cuando magnificas eso en toda una economía global? Entonces se trata de poder».

5. Cómo sobrevivir a la economía de la atención

Estoy seguro de que te ha pasado alguna de estas situaciones donde pierdes totalmente la concentración en lo que estabas haciendo, tal vez leyendo este mismo libro: intentas leer esta página, pero no la terminas porque te distraes; o tal vez abres el móvil para enviar un mensaje, pero empiezas a ver otras cosas y al final se te pasó escribirlo, o vas a dar un paseo con tus hijos y no haces más que ir mirando el móvil, sin ver nada en especial. La concentración parece escurrirse entre nuestros dedos. Nos vemos en perspectiva desde fuera y nos damos cuenta de que todo esto no tiene sentido.

Si buscamos en Google «cómo ser más conscientes», «cómo parar y desconectar», los resultados nos llevarán a un término muy de moda: el *mindfulness*, que se resume en cobrar conciencia de que nuestra vida está aquí y ahora, y centrar nuestra atención en esto. La práctica de la meditación, con su enfoque en nuestras inhalaciones y exhalaciones, nos permite conectar con nuestro ser y tomar un momento para respirar antes de continuar con nuestras vidas. Aquellos más experimentados logran meditar brevemente antes de empezar el día o iniciar cualquier actividad. Para profundizar en esto hay toneladas de literatura, tutoriales en internet y por supuesto aplicaciones gamificadas que nos ayudan a aprender a meditar desde nuestro móvil como lo son *Calm* y *Headspace*. Esta última tiene su serie en Netflix, así que no hay pretexto ni escapatoria.

Si bien el *mindfulness* y la meditación son herramientas poderosas, enfrentarnos a la avalancha de contenidos con la que vivimos requiere más que eso. Por esta razón, he querido reunir aquí consejos prácticos de diversas voces que se enfrentan a esto en su día a día, al igual que cualquiera de nosotros. También abordaré las máximas de la «ecología de la atención» propuestas por el escritor Yves Citton sobre este concepto, para brindarte las herramientas necesarias en esta era de sobreestimulación.

Desconfía de las máximas de estandarización atencional

Citton habla de que la higiene atencional requiere reorganizar nuestro entorno, y esto tiene que ver con no dar por sentadas determinadas cosas que puedan perjudicar nuestra capacidad de hacer atención[9]. Igual que hoy nos alarmamos cuando vemos que en *Mad Men* un médico fuma dentro de su consulta justo antes de auscultar a una paciente sin antes ponerse unos guantes, es posible que en unos años nos parezca extraño ver a un grupo de personas que comparten sobremesa y cada uno interactuando con sus teléfonos móviles casi todo el tiempo.

De momento está estandarizado tener nuestro móvil en la mesa, ya sea en nuestro puesto de trabajo, en la mesa donde estamos comiendo con un grupo de amigos o en el pupitre de un aula. Está comprobado que el solo hecho de tener un dispositivo visible sobre una mesa, aunque estos no desplieguen notificaciones, es un generador de distracción. En el caso de las aulas, la mera presencia de los dispositivos móviles reduce la capacidad de aprendizaje por parte de los alumnos, aunque también está estandarizado que los alumnos estén en el aula con el ordenador abierto, tomando apuntes, se supone.

Establecer vacuolas protegidas de los asaltos de la comunicación

Citton plantea la necesidad de establecer vacuolas protegidas de los constantes asaltos de la comunicación, espacios donde nuestra atención no se vea constantemente solicitada por estímulos caóticos y múltiples[10], y que es nuestra responsabilidad propiciar y establecer estos lugares de desconexión.

Al igual que hace treinta años nos habría parecido extrañísimo pensar que habría edificios libres de humo, vagones de tren silenciosos, restaurantes de comida sin gluten, este es el momento de pensar en nuevos lugares y momentos de desconexión, y podemos empezar por nosotros mismos.

Así lo planteaba Jorge Carrión: «Cada cual tiene que encontrar sus espacios de desconexión [...] te puedes conectar en cualquier sitio, pero la desconexión requiere una cierta disciplina y eso te permite reconectarte con otro tipo de experiencia, con otro tipo de onda mental, que es la de la lectura. En mi caso, siempre libros en papel y siempre con un lápiz en la mano. Yo creo que si tienes las manos ocupadas también te ayuda a esa concentración».

Elena Neira, que pasa mucho tiempo leyendo, organizando información y escribiendo, recomienda: «El móvil se puede convertir en un pozo que drena por completo tu tiempo y tu energía casi sin darte cuenta. Es importante ser consciente de que eso está ahí y ser muy consciente de que la concentración, el trabajo concentrado con foco, el *deep work* que le llaman los expertos, es un bien preciosísimo. Para trabajar necesito un aterrizaje de unos veinte minutos porque me cuesta entrar en ese punto de profunda concentración con mis auriculares que cancelan el sonido, bloqueando todas las notificaciones, quitándome el reloj, diciendo a todo el mundo que nadie me llame, para conseguir controlar el umbral de la atención y mantener la concentración. Cada vez es más difícil poner el foco[11]».

La guionista Mónika Revilla, también ha notado cómo su capacidad de concentración se ha reducido con el tiempo: «Siento que hace diez años me era más fácil concentrarme de lo que puedo ahora. Es superdifícil», y ha ido eliminando estímulos para reforzarla: «me quito las alertas de los wasaps, apago el wifi para que tener esa ansiedad de meterme al Twitter o al Facebook, o ver que hay en la BBC o lo que sea; pongo el celular en otra habitación para que no pueda ver la luz de las notificaciones de que algo me llegó. Tengo que quitarme conscientemente todos estos estímulos para que no me distraigan».

Cuenta Nir Eyal que el escritor Jonathan Franzen usa una técnica aún más eficaz —y drástica— cuando tiene que ponerse a escribir un libro para librarse de la conexión a internet: consigue un portátil viejo del que se asegura no tenga más que Word, sin juegos tipo solitario ni buscaminas, enchufa un cable de ethernet con *superglue* en la punta y una vez que está dentro, corta el cable para que el puerto se quede bloqueado. Así entonces puede ponerse a escribir[12].

La estrategia para reconquistar nuestra atención implica definir límites claros y establecer normas de convivencia con la tecnología. Esto incluye establecer lugares y momentos permitidos para el uso de dispositivos, como no utilizar *smartphones* durante las comidas o reuniones, así como definir tiempos de inactividad, como evitar el uso de tecnología antes de dormir.

Extraerse del dominio del régimen de alerta de los medios de comunicación

Con esta máxima, Citton se refiere más a mantenernos al margen de la constante alerta que generan los medios y yo me permito extrapolarlo a esa alerta que nos generan las plataformas digitales y que nos hacen estar siempre recurriendo a ellas. Estamos expuestos a eventos y notificaciones continuamente: cada *like*, cada *follow,* cada emoji de la flamenca, todo compite por nuestra atención y ejerce una presión significativa en forma de FOMO (miedo a perderse algo) o el temor a quedar fuera de onda.

Uno de los primeros pasos es entender de dónde vienen los gatillos (*triggers*), esos pequeños desencadenantes que nos sacan de concentración. Si queremos leer un libro y estamos en una cafetería ruidosa, cualquier cubierto que se caiga o persona que levante la voz, será un pretexto perfecto para distraernos y tener que comenzar de nuevo con el párrafo en el que estábamos. De ahí, que sea lógico elegir un sitio silencioso para leer, aunque siempre habrá distracciones inevitables, como el crujir de la madera o el zumbido de una mosca. La clave es entender que la mayoría de los *triggers* que nos distraen son en realidad internos.

Así lo explica Nir Eyal: «Cuando te sientes inseguro, antes de preguntarte por qué lo estás, buscas en Google. Cuando te sientes solo, antes de ser consciente de que lo sientes, vas a Facebook. Antes de que sepas que estás aburrido, estás en YouTube. Nada te dice que hagas estas cosas. Los usuarios se desencadenan solos».

Por esto, uno de los primeros consejos que propone el propio Eyal en su libro *Indestractible* es el reconocimiento de estos desencadenantes y sus motivaciones. Habla sobre cómo las distracciones van mucho más allá de los dispositivos y que toda motivación se basa en un deseo de escapar de un descontento o malestar, que en muchos casos puede ser simplemente aburrimiento, que podemos eliminar con un buen chute de dopamina vía *smartphone*. ¿Pero qué pasa cuando no estamos aburridos y estamos intentando leer o, en mi caso, escribir un libro y no nos logramos concentrar?

La clave es buscar el desencadenante interno. Si tengo que terminar este párrafo y me distraigo porque quiero comprobar en Google en qué año publicó Nir Eyal el libro que quiero citar, en realidad estoy huyendo del malestar que me genera el no saber cómo terminar este párrafo, de manera que al *googlear* este dato me libero de esa tarea y se me abren minutos y minutos de distracción en los que puedo terminar averiguando la fecha de nacimiento de toda la familia de Eyal o viendo los últimos fichajes de un equipo de segunda regional en el *Marca*.

Por lo tanto, lo que propone Eyal es reconocer los *triggers* externos e internos y en la medida de lo posible, *hackear* los externos para que nuestro día a día tenga menos trampas en las que podamos caer. El primero y más simple es eliminar todas las notificaciones *push* de nuestros móviles: emails, wasaps, *likes*, etc., todos pueden esperar y estarán ahí cuando vayamos a buscarlos.

Otra técnica para gestionar los *triggers* es organizarlos. Eliminar aplicaciones del móvil y organizarlas sistemáticamente para que sea más complicado que nos distraigan. Organizar y calendarizar la revisión del email para no tenerlo abierto todo el día y así no responder a los correos de forma reactiva e inmediata, y lo mismo con el entorno laboral y personal: la organización de las reuniones, de los grupos de WhatsApp, etc.

Sea estratégico en su valorización atencional

Con esta máxima, Citton pone en valor nuestra conciencia como electores y decisores de dónde poner nuestra atención, sabiendo que esto influirá en la atención de la gente que nos rodea, tanto en el ámbito físico, donde surgirán nuestras conversaciones, como en el digital, donde los vídeos a los que damos *play* o las fotos a las que damos *like* serán más visibles para nuestros contactos. «Ahí donde ponemos nuestra atención, generará más atención. Incluso cuando denunciamos o criticamos ideas o personas, les estamos dando valor atencional[13]», explica Citton. Esto me remonta a las redes sociales en los tiempos de la primera campaña presidencial de Donald Trump. Entonces resultaba un personaje esperpéntico, era simplemente la *carne de meme* perfecta. Retuitear o reenviar memes caseros con su imagen, viñetas, portadas de revistas o remezclas de sus discursos electorales era un pasatiempo común. Recuerdo ver las redes sociales plagadas de contenido sobre Trump y personas burlándose de él, porque eso también era mi propio *echo chamber*. Pero, paradójicamente, todas estas burlas y críticas solo contribuían a visibilizar aún más a este personaje. Y al final, resultó elegido presidente. En esta línea remata Citton. «¿Sobre qué elegimos hablar? ¿Debemos hacerle el favor de criticar a nuestros enemigos?[14]».

Aprende a elegir tus enajenaciones, en lugar de liberarte

En la misma línea estratégica de elegir con sabiduría porque aquello que elegimos nos define, Citton afirma: «la enajenación no tiene que ser mala, porque a fin de cuentas implica que estamos muy entrados en una cosa. ¿Qué enajenaciones nos enriquecen?». Cuando nos enajenamos en algo, concentramos nuestra atención por completo en ello, lo cual es probablemente más positivo que estar realizando múltiples tareas a la vez o estar presentes en mil lugares sin estar realmente en ninguno.

Pero ¿cómo hacemos para elegir bien? ¿Cómo hacemos para organizarnos? Lo que propone el analista y creador de contenidos Mauricio Cabrera es que al igual que hoy en día acudimos a un nutricionista para que nos diga qué alimentos debemos ingerir y en qué proporción y ritmo, lo mismo deberíamos hacer con los contenidos: «Nos faltaba esta conciencia sobre la importancia de tener un régimen de consumo de información o de contenidos. Yo por eso hablo de tener un *coach* o terapeuta de contenidos. Algunos se burlan, otros lo validan, pero es 100 % real. Necesitas alguien que te guíe. Pasamos de la falta de oferta al exceso de oferta y entonces tienes que llegar a la curaduría. Y se trata de hacer consumos conscientes, de decir «voy a dedicar dos horas a hacer *binge watching* (ver varios capítulos de la misma serie de televisión de forma continua) de una serie de Netflix". Eso no está ni bien ni mal, depende de cada uno». Aquí lo importante es que, si decidimos darnos una tarde atracón, lo hagamos de forma consciente, y que lo disfrutemos como tal, más que simplemente dejarnos llevar por la corriente del algoritmo.

Hackear el algoritmo

Y ya que hemos llegado hasta aquí, y que sabemos que vivimos nuestra vida al ritmo del algoritmo (perdón por la rima fácil), también podemos jugar a desorientarlo un poco dándole información un poquito menos fidedigna de lo que solemos hacer.

Podemos disfrazarnos en nuestra navegación, multiplicarnos, abrir perfiles diversos, hablar en diferentes lenguas. Estas acciones son juegos que nos permiten abandonar la autopista y tomar una carretera secundaria donde tal vez no seamos invisibles, pero sí podamos disfrutar de otro paisaje. Hay que marear al algoritmo.

Puedes empezar por abrir perfiles diferentes en tu cuenta de tu plataforma de video *on demand* favorita y ver cosas diferentes en cada uno de ellos, hacer búsquedas aleatorias y de vez en cuando ve algo que nunca hubieras elegido. Elena Neira recomienda esta práctica: «En cada perfil veo cosas diferentes, sencillamente para que el algoritmo no me conozca tan bien y para que me aparezcan cosas distintas».

Sí, se trata de mentirle al sistema, aunque sea un poco y que los datos que emiten nuestros dispositivos no sean los mismos. El objetivo es marear al algoritmo, lo cual también puede hacerse con las palabras y etiquetas que usamos tanto para navegar como para difundir nuestras publicaciones. *Alspeak* es como se suele llama al *slang* (contracción de algoritmo y *speak*) que juega a inventarse términos que los humanos puedan entender y que, al algoritmo, bueno, le lleve un rato más entenderlo. Por ejemplo, como en TikTok se penaliza la palabra odio (*hate*) se ha empezado a hablar de «lo opuesto al amor», se usa *seggg* para referirse al sexo, o *becoming unalive* (volverse no vivo) para evitar otra palabra prohibida: suicidio[15].

Al final los algoritmos acabarán detectando estas artimañas, pero de momento se puede intentar esquivar la vigilancia, por un rato más.

No hagas nada

Esta no es una máxima de Citton, sino la motivación de Jenny Odell para escribir *How To Do Nothing*. En su obra, analiza el valor parar y tomarnos un tiempo para aburrirnos a propósito, el no hacer nada como una actividad en sí misma, no simplemente como una forma de recargar nuestras energías. También critica la práctica de algunas *startups* estadounidenses que envían a sus empleados a retiros de desconexión con la intención de aumentar su productividad al regresar: «Necesitamos desconectar porque la desconexión, parar, nos hace bien. No para volver después a la oficina y trabajar el doble. No ayunas para luego atracarte el doble de comida, ayunas porque le hace bien a tu cuerpo[16]».

El deseo de desconectar es algo que nos proponemos numerosas veces como objetivo de nuestras soñadas vacaciones, aunque esto se cumple muy pocas veces. Como cuenta Daniel Innerarity: «desde hace tiempo, cuando uno va de vacaciones, dice "me voy a desconectar al Pirineo", luego no es verdad. Uno no desconecta, porque además ahora cuando vamos al monte, antes que el piolet, lo que cojo por mi seguridad es el teléfono. Para los que hacemos alta montaña el teléfono más importante que el *piolet*, los crampones y la cuerda» Y eso por no mencionar que unas buenas vacaciones implican una buena dosis de publicaciones en redes sociales para que el mundo se entere de que nos hemos pegado un buen viaje.

La intención es buena pero la ejecución dudosa. Porque a fin de cuentas nos falta conciencia de lo que más valor tiene que es aquello que cuidamos menos. Eyal cita a Séneca quien en *La brevedad de la vida* dice: «La gente es frugal en el cuidado de sus bienes personales, pero cuando se trata de malgastar el tiempo, son los más derrochadores de la única cosa en la que es correcto ser tacaño[17]».

Pero ¿cómo podemos poner un cerco alrededor de nuestro tiempo? Con orden, tal vez, con conciencia seguramente. Hablando del tema con la gente con la que convivimos, con nuestros hijos, quienes lo van a tener todavía más difícil. Y no es un tema nuevo. Igual que lo decía Séneca, lo advertía Vance Packard, autor de *Hidden Persuaders*, una de las primeras críticas abiertas y fundadas al mundo de la publicidad, en el que proponía «cultivar la privacidad mental a base de evitar contacto con la publicidad».

También Tim Wu, en las últimas páginas de *Attention Merchants*, rompe una lanza en favor de la desconexión: «Zonifica tu vida. Es importante tener momentos y espacios reservados al contacto humano o la naturaleza. Por ejemplo, no tener el ordenador en la habitación o el móvil en las cenas familiares» y también por el aburrimiento: «Intenta encontrar tiempo para no hacer nada. Tenemos este deseo de entretenernos constantemente, pero dejar que tu mente descanse es importante para la salud. Creo que como sociedad tenemos que aprender a gestionar el aburrimiento de una forma más madura».

El no hacer nada, según Odell, nos empuja a estar con nosotros y tal vez a conectar con nuestro entorno y nuestros semejantes. Su concepto de «activismo pasivo» sugiere que resistir a las tecnologías que buscan retener nuestra atención a cualquier precio implica negarse a sumergirse completamente en la vida digital y, en cambio, encontrar momentos para conectar con el mundo físico que nos rodea.

La importancia de la presencia física

Aunque ahora ya lo vemos lejano, la pandemia nos demostró que podemos hacer que el mundo funcione sin movernos de nuestras casas. Punto para la pandemia. Pero también nos enseñó cómo podemos llegar a los límites de la saturación de horas de pantalla. Fue nuestro gran *Super Size Me* de contenidos de la humanidad. Punto en contra para la pandemia. A nivel empresarial y social esto fue muy conveniente porque aprendimos que podemos resolver muchas cosas sin levantarnos en todo el día de un sofá y que podemos prescindir de oficinas, aulas y otros lugares donde nos solemos reunir los humanos. Pero en términos de atención nos ha llevado a límites insospechados, ya que podemos estar conectados siempre, pero no poder participar en dos reuniones a la vez. Yo he llegado a estar en tres al unísono mientras le explicaba a un cliente que me había llamado por teléfono que no podía atenderle porque estaba en otras tres reuniones en ese preciso momento.

Una cosa es que podamos estar conectados y otra muy diferente es que estemos atentos. Dice Jenny Odell[18] que: «hay que diferenciar entre conectividad y sensibilidad». Gracias a la conectividad en diferentes plataformas, podemos estar en diferentes sitios a la vez, o en uno, si prefieres. «Al perder el elemento físico se pierde el tiempo y a la vez la comunicación no verbal que dice muchísimo en ambas líneas. Al tiempo que los cuerpos desaparecen, también desaparece nuestra capacidad de empatizar. La relación entre nuestros sentidos y nuestra capacidad de hacer sentido».

El mundo en remoto es un mundo práctico, en el que nos transmitimos información, en el mejor de los casos, mutuamente. No hay nada peor que dar una clase online a una pantalla en la que figura una cuadrícula de cuadros negros —de cámaras apagadas— o en el mejor de los casos, de cámaras encendidas con caras que vemos pero que es imposible acertar si están atendiendo a la clase o jugando al solitario.

En cambio, en el mundo presencial, esa información que en principio sobra, enriquece exponencialmente la conversación. Como explica Odell: «cada vez que nos encontramos con una persona nos damos cuenta de la importancia de lo que no está dicho o de lo que no está mostrando a través de la comunicación no verbal».

Estamos hechos de historias, somos lo que contamos y cómo lo contamos. Y en el cómo lo contamos entra también esa conexión que tenemos con otras personas cuando estamos frente a frente. En esta línea, Julia Bell define:

> «La atención individual constituye la base de la atención colectiva, por lo que si estamos atentos a nosotros mismos estamos atentos entre nosotros. No solo nos miramos y nos escuchamos en directo, con mejor calidad que con cualquier sistema de vídeo de alta definición y sonido binaural, también nos olemos y nos sentimos. ¿Qué puede superar eso? Una atención radical que comprenda que la conciencia sigue sujeta a la carne. A nuestros cuerpos mutables, extraños, contingentes y misteriosos. La atención nos obliga a rendir homenaje al misterio que reside en el otro, recíprocamente».

No se trata de prestarnos sino de darnos atención mutuamente. Y esto, por supuesto, depende de en presencia de quién estamos y cómo estamos. La atención varía dependiendo de las circunstancias en las que nos encontremos. Por esto, en el contexto de la economía de la atención, esta no puede considerarse como un recurso lineal o absoluto, ya que es fluctuante. No es igual la atención que le prestamos a una maestra que nos da clase vía Zoom que a una que nos da la clase presencial. La atención no es lineal. No puede, por lo tanto, cuantificarse como una unidad de medida absoluta.

Aquello en lo que ponemos la atención nos define. Pon atención en tu atención

En la introducción de este libro, decía que nuestra atención es un tema crucial hoy en día, porque hacia donde llevamos nuestra atención es a donde dirigimos nuestra vida y también define lo que dejamos pasar por tener la atención en otro sitio. Aquello en lo que ponemos nuestra atención nos define.

Si los productores o los creadores son conscientes de esta competencia global, nosotros como consumidores también debemos de ser conscientes del valor que tiene nuestra atención. Y por ende dónde la situamos. El lugar en el que ponemos nuestra atención tiene consecuencias directas en el devenir de nuestras vidas, en nuestras relaciones, en nuestra situación económica. Y como ya hemos visto, en nuestra salud física y mental.

Si somos conscientes de dónde y a qué atendemos, esto va a repercutir en nuestras acciones, en nuestra forma de pensar y en la claridad de nuestros pensamientos. Dicho de otra forma, tu próxima pareja, la casa que te vayas a comprar, el próximo voto que vas a emitir y tu próxima idea de negocio, están determinadas por aquello en lo que has puesto tu atención.

Si somos conscientes de dónde ponemos nuestra atención y, sobre todo, de la batalla que hay que librar por conseguir un de segundo de ella, así como el valor que esto tiene para empresas multinacionales y para creadores unipersonales, debemos ser nosotros mismos quienes demos ese valor a nuestra atención y en dónde la focalizamos. Si consigues ser consciente de esto después de leer todas estas páginas, me doy por satisfecho.

También debes tomar consciencia de que el número de contenidos va en aumento, así como un diseño cada vez más eficaz para engancharnos. El algoritmo conoce nuestros gustos y por eso hace que se generen productos que consigan gustarnos a todos. Si puede conseguir tocar todos los botones necesarios y a un precio cada vez más bajo, mejor porque eso permitirá producir más al día siguiente. Contenidos eficaces, aunque no necesariamente de mayor calidad. Es así, ropa, comida, viviendas, transporte, etc.

Está en nuestro tejado entonces el convertirnos en mejores consumidores, consumidores responsables que al igual que sabemos que no nos podemos exceder en calorías, o evitar las grasas saturadas o el humo del tabaco, debemos ser conscientes de que le damos a nuestro cerebro.

Si de nuestro lado está la conciencia de consumo, del lado de los productores está la de producción. Cada vez hay más, cada vez habrá más. Como las plataformas necesitan tener contenido nuevo todo el tiempo para mantener la atención de los usuarios, prima la cantidad a la calidad. La deglución de contenidos es masiva, la gente ve las series a doble velocidad para poder terminar antes y esto obliga a las plataformas a producir contenidos a una velocidad endemoniada para mantener un ritmo frenético que hace que el valor de lo producido disminuya.

Las canciones y las películas están dejando de ser arte, como dice William Deresiewicz: «El arte ya no tiene el mismo lugar en la sociedad. No creo que tenga esa imagen sagrada y odio decirlo, pero ya no tiene ese significado espiritual que un día tuvo. Se ha convertido en algo que la gente consume[19]».

Una vez más la analogía de la alimentación funciona. Está bien que haya diferentes tipos de comida, solo que hay que saber cuándo y en qué medida debemos optar por cada una (quienes podemos optar por esto, claro). Lo explica Alessandro Baricco en su libro *The Game:*

> «La creación de contenido como vitrina para todos presenta múltiples desafíos para que la audiencia separe la paja de lo que en verdad importa. Entre más valor tenga el contenido que genera un profesional de otra industria, más probable es que quienes más sean más reconocidos no sean los mejores, sino los que mejor saben contar su historia[20]».

Y aunque en los anteriores párrafos he marcado una diferenciación entre los productores y creadores de contenidos —los captadores y los prestadores de atención, respectivamente— lo cierto es que la mayoría de las personas somos ambas cosas. Somos *prosumers.*

Somos responsables de la creación y difusión de contenidos. Así como en el consumo de estos, de donde ponemos la atención.

Por lo tanto, la meta de llegar al equilibrio, a la verdadera sostenibilidad de los contenidos, es responsabilidad de todos.

Por cierto, qué gran maravilla de nuestros tiempos que tengamos tantas vías de creación y expresión a la mano. Malditos *smartphones* cargados de cámaras superpoderosas que hacen vídeo en 4K, fotos en HD y desde los que podemos escribir libros, grabar bailes, dibujar, grabar audios, canciones... la paleta del pintor del siglo XXI no tiene fin y es toda nuestra.

En 10 años el 100 % de la población mundial será creadora de contenidos[21]. Generar contenidos será una habilidad básica que deberemos aprender en el colegio como caligrafía. O en lugar de caligrafía. Generaremos contenidos para formar y formarnos, para relacionarnos, para trabajar y para entretenernos. ¿Para sobrevivir?

De ahí que por el camino sea crucial entender cuál es el valor de subir una foto al WhatsApp o a Instagram. O el de subir un vídeo tonto o de compartir una opinión sobre un tema político o social en una red social. Como también lo es el valor de prestarle atención a una nota, a un titular, a un pódcast, o alguna serie que elijamos y decidamos ver.

Es crucial que empecemos a educar en generación de contenidos. No solo en cuanto a narrativa y valores de producción, sino en relevancia. Aunque nosotros no tengamos a nuestro alcance el *big data* como lo tienen las plataformas digitales, sabemos cómo captar atención y cómo generar respuestas. ¿Por qué? Porque nosotros también nos sentimos defraudados cuando hacemos clic en un titular engañoso. Pensemos dos veces antes de generar nuestros pequeños *clickbaits*.

¡Atención productores, creadores, consumidores y prosumers! Esto tiene que ver con todos. Salgan a la calle y echen un vistazo: hay gente mirando móviles y gente haciéndose selfis o fotografiando ensaladas para subirlas a internet. Esta imagen puede ser un indicador de éxito para un programador de aplicaciones móviles, pero no para una sociedad en general. Estamos enganchados.

Todos generamos contenidos y cada vez los generamos mejor. Todos buscamos la atención de los demás por muy diversas motivaciones. Y todos tenemos la curiosidad de saber qué es lo que está pasando en este mundo. De ahí que es crucial que levantemos la mirada de nuestras pantallas y veamos la expresión del rostro de quien tenemos enfrente. Miremos al cielo a ver si pinta para que llueva esta tarde en lugar de sacar el móvil para revisar la aplicación de Weather Channel. Y de paso echar un vistazo a Instagram, claro.

El reto de nuestra generación no es solo el de ser mejores productores, sino también mejores consumidores y si me apuran, mejores personas.

Mihály Csíkszentmihályi, creador de la teoría de flujo (que explica muy bien como en momentos como este, mientras escribo estas líneas me siento tan bien, que estoy en la zona en la que nuestras habilidades y nuestros retos se equilibran, generándonos una sensación de bienestar profunda y prolongada) decía que: «La atención es como la energía en el sentido de que sin ella no se puede hacer ningún trabajo, y al hacer el trabajo se disipa. Nos creamos a nosotros mismos por la forma en que utilizamos esta energía. Los recuerdos, los pensamientos y los sentimientos son moldeados por la forma en que la utilizamos. Y es una energía bajo control, para hacer lo que queramos; de ahí que la atención sea nuestra herramienta más importante en la tarea de mejorar la calidad de la experiencia[22]».

A decir verdad, cuando arranqué este proyecto no sospechaba que la atención fuese tan relevante para nuestras vidas, en este momento en particular y de cara al futuro mucho más aún. Tiene que ver mucho más allá de la comunicación como habilidad y como negocio, tiene que ver con la experiencia de la vida misma, y que el próximo gran reto de la educación sea aprender a utilizar nuestra atención, como comenta el psicólogo Ramiro Caso a propósito de Csíkszentmihályi: «la verdadera educación es la que enseña cómo pensar y esta, a su vez, consiste en saber a qué prestarle atención. Parece una trivialidad, pero creo firmemente que buena parte de nuestro bienestar depende de saber usar bien nuestra atención. La ignorancia es inconsciencia, automaticidad, pasividad. Dejarse llevar por la vida en un estado de inercia mental[23]».

Otra de las cosas que tampoco consideré al inicio del proyecto, era la importancia que tenía todo esto de cara a la educación de los niños de hoy, que tocan sus primeras pantallas antes de saber caminar. O, mejor dicho, que cuando tocan una pantalla que no es táctil piensan que está estropeada. Ahí es donde viene el reto más grande y para el que vamos en una carrera contrarreloj. ¿Cómo educar a los niños de hoy para el mundo que se les viene encima en términos de oferta y consumo de contenidos? Y ahí, una vez más, la clave es empezar por nosotros mismos, quienes les damos el ejemplo de cómo poner la atención donde importa.

La información no se transmite si no hay atención. Si no ponemos en práctica la atención mutua, los mensajes no viajan. Y con los niños, es todavía más flagrante. Si nos ven pegados a la pantalla todo el día, que no nos resulte extraño que apenas tienen uso de razón quieran una pantalla para ellos mismos en la palma de su mano.

Volvemos entonces a los espacios libres de conectividad, libres de ese «humo» que nos nubla la vista. Espacios donde conversemos, nos miremos y escuchemos con la debida atención a quienes tenemos a nuestro alrededor, a quienes nos debemos. Repitamos a nosotros mismos: la atención es una de las cosas más valiosas que tenemos y, sin embargo, la vamos regalando por muy poco.

Somos la generación cobaya y poca gente es consciente del tsunami que nos está arrastrando. Pero en vez de rehuir de este, aprendamos a surfear sobre su estela. Nos ha tocado vivir en este momento de sobreabundancia de contenidos. Saquemos lo mejor de esto. Hackeemos los algoritmos y leamos, escuchemos, veamos, crezcamos. Como me contaba mi amigo Antonio Monerris: «Lo que nos hace diferentes es crear y consumir contenidos. Y volvernos locos como don Quijote, pero bendita locura, esto nos hace libres[24]».

Por eso, más que frenar, bajarnos del tren, o sabotearlo, aprendamos a prestar atención a aquello a lo que prestamos atención. Como lo plantea Amishi Jha, doctora en psicología y autora de *Peak Attention*, *Pay Attention to your attention* o *Presta atención a tu atención*, o como dijo Timothy Leary, ideólogo de las sustancias psicodélicas: «Mind what open your mind to» o «pon atención a lo que abres tu mente».

Supongo que, si estás leyendo estas palabras, si sigues aquí conmigo, no harán falta muchas más explicaciones. Espero que esta lectura haya sido útil, entretenida, que hayas aprendido cosas que puedas poner en práctica en tu vida diaria.

Y una vez más, gracias por tu atención.

Notas

Introducción

1. Tamayo, J. A. (2022). Qué es la atención, cómo funciona y cómo podemos entrenarla *Su atención, por favor*. https://anchor.fm/su-atencin-por-favor.

Capítulo 1

1. RAE. https://dle.rae.es/econom%C3%ADa.
2. Gil, S. (2020). Ley de escasez. *Economipedia.com.* https://economipedia.com/definiciones/ley-de-escasez.html.
3. Simon, H. A. (1971) *Designing Organizations for an Information-rich World.* Baltimore, MD: Johns Hopkins University Press, 37-52 https://digitalcollections.library.cmu.edu/awweb/awarchive?type=file &item=33748
4. Goldhaber, M. (1997). *The attention economy and the Net.* https://firstmonday.org/ojs/index.php/fm/article/view/519/440.
5. Kelly, K. (1998). *New Rules for the New Economy.* Viking Penguin.
6. Wu, T. (2016). *The Attention Merchants: The Epic Scramble to Get Inside Our Heads.* Nueva York: Vintage.
7. Wu, T. (2019). *Blind Spot: The Attention Economy and the Law,* Columbia Law School. ttps://scholarship.law.columbia.edu/cgi/viewcontent.cgi?article=3030&context=faculty_scholarship.
8. For de Wild (2021). *Jenny Odell on the Attention Economy.* https://www.youtube.com/watch?v=D74ZHMrBr4E.
9. Wu (2016).*Op. cit.*
10. Lopez Bejarano, J. M. (2017). El mayor rival de Netflix en este momento no es Disney o Amazon Prime, es el sueño. *La República* (Colombia). https://www.larepublica.co/ocio/el-mayor-rival-de-netflix-en-este-momento-no-es-disney-o-amazon-prime-es-el-sueno-3197975.
11. Netflix opera en España a través de dos sociedades: Los Gatos Entretenimiento España y Netflix Servicios de Transmisión España.
12. El Economista. Tebas anuncia que LaLiga aspira a ganar 2300 millones por TV en 2021 y jugar partidos en el extranjero en 2020. https://www.eleconomista.es/economia/noticias/9076354/04/18/Tebas-anuncia-que-LaLiga-aspira-a-ganar-2300-millones-por-TV-en-2021-y-jugar-partidos-en-el-extranjero-en-2020.html.

13. https://sportsandlife.com/2020/07/02/capitulo-27-latam/.
14. EFE (2021). Florentino: Intentaremos empezar lo antes posible, hay que salvar el futbol. Los Ángeles Time. https://www.latimes.com/espanol/deportes/articulo/2021-04-19/florentino-intentaremos-empezar-lo-antes-posible-hay-que-salvar-el-futbol.
15. https://www.notiulti.com/tenis-williams-trainer-mouratoglou-plant-tennis-revolution/.
16. Rodríguez, A. (2021). Miguel García Vizcaino (Sra. Rushmore): «En Sanidad y Educación no se puede recortar. Nos hemos dado cuenta todos». Forbes. https://forbes.es/forbes-live/66037/miguel-garcia-vizcaino-sra-rushmore-en-sanidad-y-educacion-no-se-puede-recortar-nos-hemos-dado-cuenta-todos/.
17. Díaz Palancar, E. (2018) Una reflexión sobre la economía de la atención. *Control publicidad.* https://controlpublicidad.com/opinion-publicidad/la-economia-de-la-atencion/.
18. Rey, P. (2021). Un estudio de la UPSA nos recuerda la merma de la comunicación en el plano virtual. *EventoPlu.com.* https://www.eventoplus.com/articulos/un-estudio-de-la-upsa-nos-recuerda-la-merma-de-la-comunicacion-en-el-plano-virtual/.
19. Real, A. (2021). ¿Qué es KOI? Así es el nuevo equipo de eSports de Ibai Llanos y Piqué. *Newtral.* https://www.newtral.es/koi-equipo-esports-ibai-llanos-gerard-pique/20211216/.
20. Trava, O. (2021). La paciencia necesaria para conectar con nuevas audiencias- *Su atención, por favor.* https://open.spotify.com/show/187Zwbw9QvhrTMGbktovLE.
21. Min Shum, Yi. (2023). Estadísticas de Instagram en el mundo 2023. *Yi min Shum Xie.* https://yiminshum.com/estadisticas-datos-instagram-mundo-2023/.
22. Barlovento Comunicación (2023). *Balance audiencias tv temporada 22/23.* https://barloventocomunicacion.es/audiencias-anuales/balance-audiencias-tv-temporada-22-23/.

Capítulo 2

1. Peterson, J. (2020). *How does attention work?* The bests. https://www.youtube.com/watch?v=8FAthdBiLgk.
2. Página web de Amishi Jha: https://amishi.com/.
3. Equipo de Bitbrain (2018). Que es la atención, tipos y alteraciones. *Bitbrain.* https://www.bitbrain.com/es/blog/atencion-cognitiva-concentracion.
4. Mohsin, M. (2020). Estadísticas de YouTube 2021. 10 datos fascinantes de YouTube. *Oberlo.* https://www.oberlo.es/blog/estadisticas-youtube.

5. Srishti (2023). Average screen time statistics for 2023. *EliteContent-Marketer*. https://elitecontentmarketer.com/screen-time-statistics/.
6. Quintas Froufe, N. y González Neira, A. (coord.) (2015). *La participación de la audiencia en la televisión: de la audiencia activa a la social.* Madrid: AIMC. https://www.aimc.es/a1mc-c0nt3nt/uploads/2017/05/2016_01participacion_audiencia_tv.pdf.
7. Statista (2023). *Evolución del tiempo medio dedicado semanalmente por la población a jugar a videojuegos en España entre 2013 y 2022.* https://es.statista.com/estadisticas/697848/tiempo-semanal-dedicado-a-jugar-a-videojuegos-espana/.
8. Tamayo, J. A. (2022). ¿Qué es la atención? Cómo funciona y cómo podemos entrenarla. *Su atención, por favor.* https://open.spotify.com/episode/7JKfKI8dDHbdPi0KD870xo?si=bda0014b10cc41d7.
9. Borrelli, L. (2015). Human attention span shortens to 8 seconds due to digital technology. *Medically daily.* https://www.medicaldaily.com/human-attention-span-shortens-8-seconds-due-digital-technology-3-ways-stay-focused-333474.
10. Stimulus (2020). *La atención sostenida.* https://stimuluspro.com/blog/la-atencion-sostenida/.
11. Maínez, L. M. (2021). Entrevista a Esther Paniagua. Ethic. https://ethic.es/2021/12/hace-tiempo-que-vendimos-nuestra-alma-al-diablo-sin-saberlo-internet/.
12. Cabrera, M. (2021). *De la Creator Economy a la Creator Anxiety. Storybaker.* https://www.storybaker.co/p/de-la-creator-economy-a-la-creator.
13. Troytiño, I. (2021). El uso de algunas redes sociales podría aumentar los síntomas depresivos. *La Vanguardia.* https://www.lavanguardia.com/ciencia/20211123/7882110/hallada-asociacion-medios-sociales-aumento-sintomas-depresivos.html.
14. Neira, E. (2021). Pegarse maratones de series puede perjudicar seriamente tu salud: descubre cuáles son sus efectos negativos y cómo mantenerlos a raya. *Business Insiders.* https://www.businessinsider.es/pegarse-maratones-series-puede-perjudicar-seriamente-salud-907567.
15. From Lost To The River. https://twitter.com/aunmasyo/status/1363040355663441923.

Capítulo 3

1. 442 (2023). *Ibai Llanos vs TheGrefg: amigos en stream y rivales en eSports.* https://442.perfil.com/noticias/esports/ibai-llanos-vs-thegrefg-amigos-en-stream-y-rivales-en-esports-peek.phtml.
2. Wu (2016). *Op. cit.*
3. Wu (2016). *Op, cit.*

4. Apple (2007). Apple Reinvents the Phone. https://www.apple.com/newsroom/2007/01/09Apple-Reinvents-the-Phone-with-iPhone/.
5. Jenkins, H. (2006). Confronting the challenges of the participatory culture. *Henryjenkins*. http://henryjenkins.org/2006/10/confronting_the_challenges_of.html.
6. Gross Rating Point, en castellano se traduce como punto de *rating* bruto. [Ondho. Gross Rating Point (GRP). *Diccionario de branding*. https://ondho.com/diccionario-de-branding/term/gross-rating-point/].
7. Los puntos por pulgada (ppp) indican la cantidad de píxeles de una imagen digital que podemos colocar en una pulgada de imagen impresa, es decir, la resolución. [Abarca, B. (2008). Los puntos por pulgada: ese gran desconocido. *Xataka*. https://www.xatakafoto.com/guias/los-puntos-por-pulgada-ese-gran-desconocido].
8. El píxel es un cuadradito que constituye la menor unidad de medida del tamaño de una imagen digital. [*Ibidem*].
9. El clickbait describe a los contenidos en internet usan titulares y miniaturas sensacionalistas y engañosos para atraer la mayor proporción de clics posibles y generar ingresos.
10. Kornias, G. (2012). *Factors influencing users attitude toward display advertising on Facebook*. Jonkoping University (Tesis). http://hj.diva-portal.org/smash/get/diva2:540142/FULLTEXT01.pdf.
11. Data Never Sleeps. https://www.domo.com/es/data-never-sleeps.
12. Smith, K. (2019) 46 estadísticas fascinantes sobre YouTube. *Brandwatch*. brandwatch.com/es/blog/46-estadisticas-youtube/.
13. Bridge, G. (2019) Netflix Released More Originals in 2019 Than the Entire TV Industry Did in 2005. *Variety*. https://variety.com/2019/tv/news/netflix-more-2019-originals-than-entire-tv-industry-in-2005-1203441709/.
14. Moore, M. (2019). Netflix shows would take you four years to watch. *The Times*. https://www.thetimes.co.uk/article/netflix-shows-would-take-you-four-years-to-watch-bcksqb7b0.

Capítulo 4

1. RAE. *Diccionario de la lengua española*. https://dle.rae.es/algoritmo.
2. Carrión, J. (2022). Big Data. *Solaris*. https://www.podiumpodcast.com/podcasts/solaris-podium-os/episodio/3097618/.
3. Innerarity, D. (2021): Un podcast pausado para salir un momento del modo de consume inmediato. *Su atención, por favor,* https://open.spotify.com/episode/5NXG0xgqlhK0Tj33EQols4.

Capítulo 5

1. Nafría, I. (2022). Escribir un libro de papel como La reinvención de The New York Times para entender a los medios digitales. *Su atención, por favor.* https://open.spotify.com/episode/5YnfRCYUOX9DgCveN4PKIR?si=0b93c3f65c694d0c.
2. *Ibidem.*
3. *Ibidem.*
4. Matji, N. (2022). Contar historias con intuición, más allá de fórmulas y algoritmos, y cómo se hace una película de animación como *Tadeo Jones. Su atención, por favor Su atención, por favor.* https://open.spotify.com/episode/4PIcP3dwy4NpeR2hy8HSWM.
5. Rivas, S. (2022). Vino y prescripción: la creación amateur como reducto de la autenticidad. La historia detrás de Colectivo Decantado. *Su atención, por favor Su atención, por favor.*
6. *Ibidem.*
7. Doménech, E. (2022). Periodismo generacional: de cómo un creador *millenial* capta la atención de *boomers* y generación Z. *Su atención, por favor.*
8. Ciccone, F. (2019) Hacer un pódcast es fácil, conseguir que la gente lo escuche, no tanto. Encuesta Pod. *Medium.* https://lospodcasteros.medium.com/hacer-un-podcast-es-f%C3%A1cil-conseguir-que-la-gente-lo-escuche-no-tanto-6d93b02c1106.
9. Torres Mora, J. A. (2022). Cómo captar la atención sin ser infame. La economía de la atención en la política, la educación y la cultura. *Su atención, por favor* https://open.spotify.com/episode/0tFvxF2HtgH7XAUDei3BwV.
10. Maínez, L. (2021. Entrevista a Esther Paniagua. *Ethic.* https://ethic.es/2021/12/hace-tiempo-que-vendimos-nuestra-alma-al-diablo-sin-saberlo-internet/.
11. El *bootcamp* es un programa de entrenamiento intensivo. Su nombre se inspira de los entrenamientos militares solo que en el argot *techie* se refiere a habilidades digitales.
12. Actualmente es directora del departamento de Transformación Digital del Instituto Cervantes, y previamente fue directora del departamento de Comunicación y Marketing y vicedecana de Cultura Digital de la Escuela de Organización Industrial.
13. Esteban Cubero (2017). Cómo utilizar un *cliffhanger. Cursos profesionales para guionistas.* https://cursosdeguion.com/8-como-utilizar-un-cliffhanger/.
14. Galindo, J. C. (2021). Las tripas de *La Casa de Papel. El País.* https://elpais.com/television/2021-09-02/en-las-tripas-de-la-casa-de-papel-el-fenomeno-espanol-de-netflix-se-termina.html.

15. Neira, E. (2021). Netflix y la atención única. *Su atención, por favor Su atención, por favor.*
16. *Ibidem.*
17. *Ibidem.*
18. Muñoz, P. (2021). El *branded content* y las marcas como captadoras de atención. *Su atención, por favor Su atención, por favor.* Noviembre 2021 https://open.spotify.com/episode/2iMkoTxz6ko7Omg2NhbDrS.
19. Barbosa, C. (2022) Marcas que son verdad (lo que se denomina molar). *Su atención, por favor.* https://open.spotify.com/episode/4ZzceCbpy0S5VSSREmYKTC.
20. Muñoz, P. (2021). El *branded content* y las marcas como captadoras de atención. *Su atención, por favor Su atención, por favor.* https://open.spotify.com/episode/2iMkoTxz6ko7Omg2NhbDrS.
21. Vence, A. (2022). La diversidad creativa. La eficacia de los procesos horizontales y colectivos en la creación de contenidos. Cómo se hizo e unboxing de Ibai para PlayStation. *Su atención, por favor.*

Capítulo 6

1. Barbosa, C. (2022). Marcas que son de verdad. *Su atención, por favor.* https://open.spotify.com/episode/4ZzceCbpy0S5VSSREmYKTC?si=32713895942f4b47.
2. Neira, E. (2021). ¿Pasas más tiempo decidiendo qué ver que viendo contenido? Netflix tiene un gran problema: se llama fatiga de decisión. *Business Insider.* https://www.businessinsider.es/fatiga-decision-ultimo-drama-netflix-fuga-usuarios-796489l.
3. Santos, Laurie. *The Happiness Lab.* https://www.happinesslab.fm/season-1-episodes/choice-overloadl.
4. Neira, E. (2021). Netflix y la atención única. *Su atención, por favor Su atención, por favor.*
5. Wu (2016). *op. cit.*
6. Neira, E. (2088). *Streaming Wars.* Barcelona: Timun Mas.
7. Barbosa, C. (2022). Marcas que son de verdad. *Su atención, por favor.* https://open.spotify.com/episode/4ZzceCbpy0S5VSSREmYKTC?si=32713895942f4b47.

Capítulo 7

1. Triquels (2019). El triple balance. *Triquels.* https://www.triquels.com/blog/triple-balance.
2. Carrión, J. (2022). Somos series que alimentan el big data y la ciencia y la magia de los algoritmos. *Su atención, por favor.* https://anchor.

fm/su-atencin-por-favor/episodes/Jorge-Carrin---Somos-series-que-alimentan-el-big-data--y-la-ciencia-y-la-magia-de-los-algoritmos-e1icdq5.

3. Citton, Y. (2017). *The Ecology of Attention.* Polity. pp 171-175.
4. Pérez, E. (2021). Instagram es tóxico para las jóvenes adolescentes según un informe de la propia Facebook, quien hasta ahora decía lo contrario en público. *Xataka.* https://www.xataka.com/aplicaciones/instagram-toxico-para-jovenes-adolescentes-informe-propia-facebook-quien-ahora-decia-contrario-publico.
5. Romeo, R. (2022). Mira arriba, pero rápido. *Forbes.* https://forbes.es/opinion/132857/mira-arriba-pero-rapido/
6. Deresiewicz, D. (2021). *La muerte del artista.* Madrid: Capitán Swing.
7. Cruz, N. y Sánchez, J. (2022). ¿Es necesario reventar la burbuja de los macrofestivales? *Un tema al día.* ElDiario.es. https://open.spotify.com/episode/3d55O5wHUGKFWLTVIjt1ds?si=2b7cd931acfb42a0.
8. Moreno, A. (2022). Breve repaso a todo lo que sentiste en el mejor concierto de tu vida. *Vanity Fair.* https://www.revistavanityfair.es/articulos/que-puede-haber-mejor-que-ir-a-un-concierto-de-wilco-columna-alberto-moreno.
9. Citton *op. cit.*
10. Citton, *op. cit.*
11. Neira, E. (2021). Netflix y la atención única. *Su atención, por favor Su atención, por favor.*
12. Eyal, N. (2019). *Indistractable. How to control your attention and choose your life.* Bloomsbury Publishing, Londres.
13. Citton, *op. cit.*
14. *Ibidem.*
15. Vázquez, K. (2022). Zombis de 'apps', mercenarios del 'streaming', hermanos de contraseña: la rebelión de los usuarios. *El País Semanal.* https://elpais.com/eps/2022-06-25/la-rebelion-de-los-usuarios.html.
16. Odell, J. (2019). *How to do Nothing. Resisting the Attention Economy.* Melville House.
17. Eyal, *op. cit.*
18. Odell, *op. cit.*
19. Camarzana, S. y Deresiewicz, W. (2021). El arte se ha convertido en algo que la gente consume. *El español.* https://www.elespanol.com/el-cultural/arte/20210701/william-deresiewicz-arte-convertido-gente-consume/593192601_0.htmls.
20. Baricco, A. (2019). *The Game.* Barcelona: Anagrama.
21. Cabrera, M. (2021). ¿Necesita un terapeuta de contenidos? Y cómo sobrevivir en la *creator economy. Su atención, por favor.* Pódcast https://open.spotify.com/episode/3sseRDOo6fb7bmkGi8m3Fs.

22. Csikszentmihalyi, M. (2022). *Flow: The Psychology of Optimal Experience*. Harper Collins USA.
23. Caso, R. (2018). *La escasez de la atención*. http://ramirocaso.com/la-escasez-de-la-atencion/.
24. Monerris, A. (2021). El contenido ha nacido para morir, pero nos hace libres. *Su atención, por favor.*